LES AMBASSADES
À PARIS

Élisabeth Martin de Clausonne
Photographies d'Hermine Cleret

LES AMBASSADES
À PARIS

SOMMAIRE

UNE HISTOIRE DU LOGEMENT DIPLOMATIQUE À PARIS

AU TEMPS DES AMBASSADES EXTRAORDINAIRES
---------- 9

À L'AUBE DE LA REPRÉSENTATION PERMANENTE
---------- 43

L'ÈRE DES CONQUÊTES DIPLOMATIQUES
---------- 77

L'AVÈNEMENT DES DIPLOMATIES UNIVERSELLES
---------- 101

TRENTE AMBASSADES À PARIS

SALON DES AMBASSADEURS
PALAIS DE L'ÉLYSÉE
---------- 124

PALAIS GRIMALDI
SAINT-SIÈGE
---------- 126

PALAIS BORGHÈSE
GRANDE-BRETAGNE
---------- 128

HÔTEL DE BEAUHARNAIS
ALLEMAGNE
---------- 130

HÔTEL D'ESTRÉES ET AMBASSADE
RUSSIE
---------- 132

HÔTEL BERTHIER DE WAGRAM
ESPAGNE
---------- 134

HÔTEL D'AVARAY
PAYS-BAS
---------- 136

HÔTEL DE LÉVIS
PORTUGAL
---------- 138

HÔTEL DE LUYNES ET AMBASSADE
MEXIQUE
---------- 140

HÔTEL EPHRUSSI
ÉGYPTE
---------- 142

HÔTEL DE LA TOUR D'AUVERGNE
CHILI
---------- 144

HÔTELS GRIMOD DE LA REYNIÈRE, DE PONTALBA ET DE TALLEYRAND
ÉTATS-UNIS
---------- 146

HÔTEL DE LA MARCK
BELGIQUE
---------- 150

HÔTEL DE LA TRÉMOILLE
SERBIE
---------- 152

HÔTEL DE MONACO
POLOGNE
---------- 154

HÔTEL DE BOISGELIN
ITALIE
---------- 156

HÔTEL DE ROUVRE
CHINE
---------- 158

HÔTEL DE BÉHAGUE
ROUMANIE
---------- 160

HÔTEL DE BESENVAL
SUISSE
---------- 162

HÔTEL MONSTIERS-MERINVILLE
BULGARIE
---------- 164

HÔTEL DE CHEZELLES
AUTRICHE
---------- 166

HÔTEL DE MARLBOROUGH
INDE
---------- 168

HÔTEL DE RIGNY
CANADA
---------- 170

HÔTEL DE BRETEUIL
IRLANDE
---------- 172

HÔTEL DE LAMBALLE ET CHANCELLERIE
TURQUIE
---------- 174

HÔTEL LAFONT DE LA VERMÈDE
PÉROU
---------- 176

HÔTEL MAHIEU
MAROC
---------- 178

HÔTEL PILLET-WILL
JAPON
---------- 180

HÔTEL SCHNEIDER
BRÉSIL
---------- 182

HÔTEL RICHELOT
ISRAËL
---------- 184

BIBLIOGRAPHIE
---------- 186

REMERCIEMENTS
---------- 190

CRÉDITS PHOTOGRAPHIQUES
---------- 192

AU TEMPS DES AMBASSADES EXTRAORDINAIRES

Du XVIe au XVIIIe siècle, la vie diplomatique à Paris se concentre autour des lieux de pouvoir, à proximité des hôtels royaux de Saint-Pol et des Tournelles, des palais du Louvre et du Luxembourg. Figées dans un cérémonial immuable et somptueux, les ambassades extraordinaires, dépêchées de façon temporaire pour une mission bien précise, sont logées par le prince qui les accueille. Ainsi se manifeste la grandeur et la magnificence des puissances d'alors, car s'il convient de séduire, offrir des cadeaux diplomatiques, mettre à disposition les plus beaux hôtels particuliers pour les nobles émissaires est aussi un moyen de surveiller ce qui se traite en son royaume. À l'issue de l'entrée solennelle, l'introducteur des ambassadeurs conduit les envoyés des puissances étrangères à l'hôtel des Ambassadeurs extraordinaires.

Pages précédentes :
P. 2. **ALLEMAGNE**,
hôtel de Beauharnais,
la salle du trône
ou le salon rouge.

P. 4-5. **ESPAGNE**,
hôtel Berthier de Wagram.
· Le grand salon, éclairé
par deux baies, l'une donnant
avenue George-V, l'autre
sur le jardin, est orné de
quatre tapisseries exécutées
dans les années 1790 par la
manufacture de Santa Barbara,
à Madrid, d'après des cartons
de Goya. Elles ont pour
thème « La vie à Madrid »
(l'éventaire au marché aux
puces, le bal, le marchand
de faïence, le cerf-volant).
· Le salon vénitien.

P. 7. **ITALIE**,
hôtel de Boisgelin,
salon vénitien.

P. 8. **PALAIS
DE L'ÉLYSÉE**,
le salon des ambassadeurs.
L'ancien hôtel d'Évreux fut
affecté à la résidence
des ambassadeurs extraordinaires
en 1765. Présidence
de la République depuis
l'installation de Mac Mahon en
1874, le palais de l'Élysée reçoit
aujourd'hui les ambassadeurs
des puissances étrangères,
le temps de la remise
des lettres de créance.

Ci-contre :
ESPAGNE,
hôtel Berthier de Wagram.
Autrefois, les ambassadeurs
se déplaçaient avec armes
et bagages. Aujourd'hui,
les résidences et ambassades,
véritables machines à recevoir,
possèdent, entre autres,
de magnifiques services
à couverts.

1 Cauchies (Jean-Marie),
Louis XI et Philippe le Hardi,
De Boeck Université,
1996, p. 143.
2 Commynes (biblio.).
3 *Ibid.*
4 « Entrée et voyage
de M. le duc de Pastrana,
ambassadeur extraordinaire
de sa Majesté catholique »,
Bibliothèque Mazarine,
manuscrit 37 272²⁻ᴾ.
5 Voir Guyon (biblio.).

● AMBASSADES
ITINÉRANTES

Au Moyen Âge, on n'aime pas les ambassadeurs. Philippe de Commynes, le scrupuleux chambellan de Louis IX, « l'universelle araigne[1] », qui avait tissé sa toile sur toute l'Europe, se méfiait des « allées et venues d'ambassadeurs car bien souvent s'y traitent de mauvaises choses [...][2] ». Certes, il faut bien que les souverains se rendent mutuellement visite, mais il n'est pas souhaitable que la visite se prolonge trop longtemps… Les ambassadeurs sont un mal nécessaire, un point c'est tout. Offrir un logement à ces nobles émissaires reste le plus sûr moyen pour le roi de veiller aux affaires qui se traitent en son royaume : « [...] il ne faut pas se lasser de les bien traiter et de les recevoir, de les loger, et de mettre auprès d'eux des gens qui les observent[3] ». À cette époque reculée de la vie diplomatique européenne, la réception des ambassadeurs étrangers répond à un mélange de défiance et de volonté de séduire. Les banquets et les fêtes que l'on organise à l'occasion de ces visites sont un signe de bienvenue, mais aussi une manière de distraire l'attention et d'ébranler le sérieux des grands émissaires, pour leur arracher, entre deux libations, la concession attendue, obtenir un délai, une ville, une promise… Les convois diplomatiques dépêchés auprès du roi de France sont éphémères et la mission s'étend rarement au-delà de quelques semaines. Le terme « ambassade » ne désigne pas encore la maison de l'ambassadeur mais la mission elle-même. L'émissaire, dont la mission correspond encore à une affaire bien précise, n'a pas de résidence fixe. Il se déplace avec armes et bagages et traverse ainsi avec tout son chargement les ruelles encore sombres et étroites des villes et villages encombrées d'une foule compacte de curieux amassés à son passage. Dépêché pour préparer ou conclure un traité, étendre l'influence de son prince, épouser par procuration une princesse, il déploie un luxe inouï.

L'objet de la mission et les fastes protocolaires des déplacements ont bien souvent occulté, dans les récits et les chroniques, les véritables déménagements nécessaires à plusieurs semaines passées hors du pays d'origine. Il n'est qu'à évoquer l'arrivée du duc de Pastrana, ambassadeur d'Espagne, à Fontainebleau en 1612. L'ambassadeur, à la tête de plus de cinq cents gentilshommes, venait pour l'accomplissement du double mariage de Louis XIII et la princesse Anne, infante d'Espagne, et d'Élisabeth et Don Philippe, fille de France et fils aîné d'Espagne. L'importance de ces unions en termes de politique européenne devait se manifester par un déballage chatoyant et bruyant. Le convoi, qui comptait plus de cent cinquante mulets, attira une foule de curieux sur son passage : « Les premiers mulets portaient la batterie de cuisine et les autres les meubles. Il y en avait qui portaient de longues caisses pour mettre des bouteilles de vin, et d'autres qui étaient pleines de neige et de glace. Sept d'entre eux qui étaient recouverts de tapisseries de laine portaient des petites mallettes où étaient tous les pistolets destinés à la défense du voyage. Les trente-huit suivants portaient des coffres de bois blanc. Deux autres portaient des vases d'argent ; avec un muletier ou valet que l'on appelait "l'aquador" parce qu'il était chargé d'aller charrier l'eau tous les jours pour l'usage de l'Ambassadeur [...] Le principal bagage était constitué d'une vaisselle de grand prix[4]. » Les ambassadeurs sont encore de grands voyageurs plus souvent sur les chemins qu'à leur table de travail. Aux multiples dangers auxquels ils s'exposaient — voitures à cheval aussi lentes qu'inconfortables, chemins de rocailles poussiéreux et peu sûrs, intempéries, brigands et détrousseurs d'équipages —, venaient s'ajouter les soucis pécuniaires et la fatigue du voyage à une époque où le pas des chevaux rythmait le temps des négociations. Machiavel en fit la pénible expérience : l'ambassade de ce fin politique dépêchée au printemps de l'année 1500 auprès de Louis XII par l'État florentin accumula les déboires. La chevauchée entre l'Italie et la frontière de la France apparaîtrait aujourd'hui comme un véritable exploit sportif. Les contretemps accumulés et la fatigue lui faisant perdre patience, il finit par adresser des réclamations désespérées à son gouvernement dans l'espoir de se voir accorder quelques ducats supplémentaires[5]. Lorsque le Florentin atteint Lyon au mois de juillet, il est trop tard : le roi et la Cour sont déjà repartis ! Opiniâtre, Machiavel s'élance à la poursuite de l'équipage royal pour le rejoindre finalement le 7 août à Nevers... Dès lors, il va suivre le roi dans ses déplacements à Montargis, Melun, Blois, Tours. De retour dans son pays, Machiavel pouvait dire à propos des Français : « Ils sont changeants et légers » ! À ces époques reculées de la formation et de l'organisation des États, les questions diplomatiques sont encore des histoires de familles que l'on règle entre cousins. Cette absence d'officialité, d'organisation administrative et juridique, va retarder le jour où les gouvernements rechercheront la permanence d'une résidence pour leur

représentant. Lorsque la négociation réclame une tierce personne, c'est auprès des princes de l'Église que l'on se tourne, ou encore auprès d'une personne désignée pour ses qualités particulières propres à régler une affaire et qui n'a pas à assurer le suivi des relations. Les uns ou les autres sont reçus dans les palais, au plus près du souverain. Lorsque la diplomatie ne sera plus uniquement le fait de règlements de souverain à souverain, lorsque la complexité des questions politiques et économiques ira grandissant, les États seront contraints de déléguer des émissaires aptes à assurer la permanence des relations, et il deviendra dès lors indispensable de mettre en place un cérémonial particulier. À partir de la seconde moitié du XVIe siècle, les principales Cours d'Europe se font un point d'honneur d'offrir à leur hôte un logement digne de son rang et de le recevoir avec tous les égards dus à son souverain.

● LA VILLE DE PARIS REÇOIT LES AMBASSADEURS

Pendant la seule guerre de Cent Ans, les allées et venues des ambassades anglaises sont d'une quantité prodigieuse. Ces convois extraordinaires ne comptaient pas moins de cinq à six cents gentilshommes, autant de domestiques, cochers, cuisiniers, chevaux et mulets ; et l'on a peine à imaginer l'effervescence déployée pour la circonstance dans les quartiers choisis pour leur établissement provisoire. L'une des plus anciennes ambassades étrangères à Paris serait celle de Guillaume de Montagu, envoyée par le roi d'Angleterre Edouard III, auprès

Ci-contre et ci-dessous :
ESPAGNE,
hôtel Berthier de Wagram.
· Grand salon, détail des stucs et décors du palais Belle Époque.
· Autrefois « salle du trône ». C'est ici que se tenaient, sous un dais, les souverains espagnols lors de leur passage à Paris, pour les audiences ou réceptions. Les velours brodés d'or du dais sont désormais utilisés pour les tentures de la chapelle. Au mur, des portraits de Charles IV et de la reine Maria-Louisa de Parma, tout droit sortis de l'atelier de Goya. Dans le premier salon, on aperçoit un portrait de Marie-Anne de Neubourg, épouse de Charles II, ainsi qu'une commode signée Migeon et Chevalier. Les tapis ont été fabriqués en Espagne, spécialement pour l'ambassade.

Ci-dessous et ci-contre :
SUISSE,
hôtel de Besenval.
· Dans le jardin, au printemps, au détour d'un bosquet, un buste XVIII° siècle. Le climat de profonde sérénité qui s'y dégage est d'autant plus saisissant que l'on n'est qu'à deux pas de la vaste et bruyante esplanade des Invalides.
· Façade sur jardin. Les bustes de Pomone et de Flore ornent toujours la façade, et les lignes vigoureuses des doubles colonnes surmontées de chapiteaux s'harmonisent parfaitement avec cet îlot de verdure fort bien entretenu.

6 Voir Deprez et Mirot (biblio.).
7 Voir Sauval (biblio.).
8 Cité par Courcel, « L'hôtel des Ambassadeurs extraordinaires » (biblio.).
9 *Ibid.*
10 *Ibid.*

du roi de France, Philippe VI, au cours des premiers mois de 1331[6]. À cette époque, Paris est encore cerné par l'enceinte de Philippe Auguste, et l'on n'a pas trouvé trace de son logement parisien. « Des ambassades à Paris, je n'en ai pu découvrir avant l'année 1406[7] » nous confie Henri Sauval, sans doute le premier historien de Paris à s'être intéressé au logement des ambassadeurs étrangers. Il a, en effet, recensé toutes les résidences mises à disposition des ambassades depuis le règne de Charles VI jusqu'aux premières années de celui de Louis XIV, soit du XV° au milieu du XVII° siècle, et souligne le caractère original des installations diplomatiques encore provisoires. Au premier temps de l'histoire du logement diplomatique, c'est à la bonne ville et cité de Paris qu'incombe la plus grande part de la responsabilité d'accueillir, loger et nourrir les ambassadeurs : les rois, le plus souvent dans leurs châteaux, se réservaient le soin d'envoyer un haut personnage pour les accueillir. C'est donc dans les registres de la Ville que sont consignées les informations relatives à la réception des hôtes étrangers – accueil, présents, réceptions, logis, etc. Voici comment le roi Henri II délégua au chef de la municipalité parisienne le soin de loger ses hôtes : « Nous vous prions de leur faire tenir prêts quatre ou cinq grands bons logis d'hôtelleries, les plus belles et commodes que faire se pourra, pourvues de bons meubles et ce qui sera nécessaire pour les loger et recevoir leurs personnes, gens et chevaux […][8]. » La mission était de taille : il s'agissait de loger les vingt et un ambassadeurs suisses venus en septembre 1549 pour jurer du renouvellement de l'Alliance. Le prévôt des marchands s'enquit de leur trouver « quelques bons logis et honnête[9] » dans le quartier Saint-Antoine, à proximité des Tournelles. À son arrivée à Paris au début du XV° siècle, une ambassade venue conclure, mais en vain, le mariage d'Henri V, roi d'Angleterre, et de Catherine de France, fille de Charles VI, et décliner celui que le duc de Bourgogne sollicitait pour sa fille avec le roi d'Angleterre, fut reçue par le Parlement qui avait député une trentaine de conseillers et quelques prélats pour l'accueillir. Certains représentants de la Ville allèrent saluer les Anglais au petit village de la Chapelle, sur le chemin de Saint-Denis, pendant que d'autres les attendaient au Louvre, dans une salle du palais ouvrant sur la Seine. Ensuite, « on les logea dans l'hôtel du Temple, à cause de leur grande suite et de la grandeur du lieu[10] », qui appartenait à l'ordre de Saint-Jean de Jérusalem. Joutes, bals et festins furent organisés avec magnificence en leur honneur et tout Paris admira leur équipage. Cependant, cette ambassade ne fut pas plus heureuse que les autres...
Ainsi, la Ville joue un rôle de premier plan dans ces débuts de l'organisation du cérémonial : mandatée par le roi, elle loge les ambassadeurs et leurs suites, fait orner leurs

demeures. Plus tard, et à mesure qu'un cérémonial plus accompli se mettra en place, la responsabilité de la Ville s'affaiblira. Dès lors, municipalité et officiers royaux se partageront, selon les nécessités, le caractère et l'importance accordés à l'ambassade, la charge de l'accueil et du logement des missions extraordinaires. Jusqu'à ce que la Couronne n'en devienne l'organisateur principal.

● DE PALAIS
EN HÔTELLERIES

Paris, sous l'Ancien Régime, fut le lieu de résidence privilégié des ambassadeurs étrangers auprès de la France. Si le trône est pour un temps à Sens, Tours, Orléans, Saint-Germain-en-Laye ou Vincennes, les ambassadeurs n'effectuent que de brefs séjours à l'extérieur de Paris. Lorsque Louis XIV choisit ouvertement de se fixer à Versailles, et alors que toute la Cour l'y entoure avec les principaux corps d'État, les diplomates étrangers n'abandonnent pas leurs résidences parisiennes. Par sa force d'attractivité, Paris a toujours su conserver sa position de capitale diplomatique, même lorsque le pouvoir politique s'en est éloigné. Un peu partout dans une ville qui ne cesse de s'étendre malgré les guerres, l'occupation étrangère, les famines et la peste, de beaux hôtels sont alors édifiés. La carte des implantations diplomatiques parisiennes correspond à celle des déplacements du pouvoir, des quartiers à la mode, choisis et ennoblis par la construction de résidences aristocratiques. Autour des anciens hôtels royaux de Saint-Pol,

Ci-dessous :
Réparation faite à Louis XIV par le doge de Gênes dans la galerie des Glaces de Versailles, le 15 mai 1685,
C. G. Hallé, vers 1710,
huile sur toile, 343 x 603 cm,
Versailles, châteaux de Versailles et de Trianon.
En 1684, le doge de Gênes défie Louis XIV en fournissant des galères à l'Espagne et en traitant avec désinvolture l'ambassadeur Pidou de Saint-Olon. Suite au bombardement de la ville sur ordre du roi, le doge vient présenter ses excuses à Versailles.

Ci-contre :
SUISSE,
hôtel de Besenval.
Dans ce petit cabinet doré, où le baron de Besenval, inspecteur général des Suisses sous Louis XV, conservait sa collection de tabatières d'or, sont exposés des soldats de plomb et des porcelaines de Nions, ainsi que des tableaux dans le goût de Boucher. Dans l'alcôve, un tableau de Jules Didier (1831-1892), *Le prince et la princesse de Montholon en leur hôtel de la rue de Grenelle*, retrouvé récemment et offert à l'ambassade.

II Antoniade (biblio.).

des Tournelles et du château du Louvre, l'activité se développe. C'est parmi ces demeures prêtées par les familles princières ou par les ministres, que la Ville choisit pour les nobles émissaires leurs premiers lieux de séjour. Ceux-ci devaient être particulièrement embellis pour la circonstance si l'on en juge par l'admiration de l'ambassadeur de Venise, venu en 1492, pour sa résidence parisienne décorée des plus belles tapisseries du duc d'Orléans : « Ni à Mantoue, ni à Ferrare, nous ne fûmes logés si somptueusement[II]. »

•• LES QUARTIERS SAINT-ANTOINE ET SAINT-DENIS

Par commodité, des missions trouvent à se loger dans le Marais et dans la continuité de la porte Saint-Antoine, à partir de laquelle se fait habituellement leur entrée solennelle. Ainsi, les ambassadeurs suisses dépêchés auprès d'Henri II, venus pour le renouvellement de l'Alliance, résident dans l'hôtel de Tiron. Alentours, c'est l'effervescence et toutes les auberges et hôtelleries sont réquisitionnées pour la suite et le personnel : autour de la rue Saint-Antoine, « Le Faucon », « L'Écu de France », « La Souche », « La Crosse », « L'Ours » battent le plein... La rue de Tiron commençait rue Saint-Antoine et se terminait rue du Roi-de-Sicile et ledit hôtel était le pied-à-terre parisien de l'abbaye du même nom. Cette rue n'était pas uniquement fréquentée par les ambassadeurs, puisqu'elle faisait partie des neuf rues que saint Louis avait réservées aux prostituées. Quelques jours après leur arrivée, les ambassadeurs furent priés de dîner à l'Hôtel de Ville, où la grande salle des banquets avait été ornée de belles tapisseries, la table dressée de services d'apparat d'argent et de vermeil d'or, si célèbre alors en France, et que l'on n'installait que pour

Ci-contre :
L'Hôtel de Longueville, dessin, par l'architecte Metezeau. Il fut la résidence d'ambassades extraordinaires dépêchées par l'empereur Charles-Quint, l'Espagne et l'Angleterre. Disparu au début du XIXe siècle, il se situait sur l'emplacement du jardin des Tuileries.

Double-page suivante :
AUTRICHE, hôtel de Chezelles, entrée côté cour.

GRANDE-BRETAGNE, palais Borghèse, détail d'une figure égyptienne du lit de Pauline Borghèse. Ce lit figurait dans l'inventaire de 1814, lors de la vente du palais au gouvernement britannique. Au temps de Pauline, ces draperies de soie étaient doublées de satin blanc, le dessus-de-lit de velours bleu, le tout surmonté d'un aigle, garni de vingt-six plumes blanches.

les occasions exceptionnelles. Toutes sortes de mets délicats furent servis au son des luths, tambourins et sacqueboutes... Rien ne fut épargné pour susciter l'admiration des hôtes. C'est dans l'hôtel de « Monsieur le Cocq », rue Saint-Antoine, près des Tournelles, que descendit le duc de Suffolk venu en 1514 aussitôt après le mariage de Louis XII avec la princesse Marie d'Angleterre, sœur d'Henri VIII, pour jurer de la paix et assister au couronnement de la nouvelle reine de France à Saint-Denis. L'ambassadeur anglais fut à nouveau envoyé en France pour saluer François Ier. Lors d'une entrevue privée, le roi de France lui aurait dit à brûle-pourpoint : « My lord de Suffolk, le bruit court dans mon royaume que vous êtes venu pour épouser la reine, sœur de votre maître » ! L'Anglais eut beau nier ce jour-là, il épousa effectivement un peu plus tard, en grand secret à Paris, la veuve du roi Louis XII... En 1602, une délégation suisse, venue renouveler l'Alliance avec le roi de France, est conduite « à la Croix de Fer, hôtellerie la plus fameuse de la rue Saint-Denis, et aux environs[12] ». Dans la mise en scène du politique, la rue Saint-Denis, dite aussi parfois « voie royale », tient un rôle de première importance : elle est la voie triomphale empruntée par les souverains jusqu'à Notre-Dame lors de leur entrée solennelle ou encore le chemin par lequel les dépouilles mortelles des rois et reines de France sont conduites de Notre-Dame à la basilique Saint-Denis. C'est là aussi qu'au XVIe siècle, le marquis de Saint-Chaumond, ambassadeur de Richelieu, se fit bâtir un vaste hôtel où il accueillit plusieurs ambassadeurs étrangers.

●● « LA MAISON DE L'ANGE », RUE DE LA HUCHETTE

En 1500, le puissant Saint Empire dépêchait auprès de Louis XII une ambassade. Prévôt, échevins, archers, arbalétriers, sergents et quelques bourgeois s'en allèrent au-devant des ambassadeurs de Maximilien Ier, « jusque par de-là Notre Dame des Champs, qui était alors bien éloignée du faubourg Saint-Jacques ». « De-là, ils leurs tinrent compagnie, jusqu'à "la maison de l'Ange" de la rue de la Huchette, fort belle pour ce temps là, où leur logis avait été marqué ». C'est là que des cadeaux de toutes sortes – torches, hypocras, confitures, boîtes de Cotignac et épices du dernier chic – leurs furent expédiés en signe de bienvenue. Pendant toute la durée de leur séjour à Paris, les ambassadeurs « furent défrayés aux dépens de la Ville, servis par Le Sec, sergent de la Ville »[13]. La rue de la Huchette, étendue entre la place du Petit-Pont et la place Saint-Michel, fut longtemps considérée comme l'une des rues les plus agréables de la rive gauche et cet hôtel meublé dit « La maison de l'Ange » (actuel n° 15) fut à plusieurs reprises réquisitionné pour l'accueil de délégations étrangères. Ainsi des envoyés du roi d'Argus venus, en 1552, présenter en guise d'hommage au roi Henri II des chevaux et des juments barbes. L'hôtel fut encore préparé en 1559 pour les ambassadeurs de la République de Venise, venus, mais un peu tard, féliciter Henri II de son accession au trône – ils arrivèrent la dernière année du règne. Au XVIIe siècle, la rue de la Huchette devint le quartier des rôtisseurs et des traiteurs, et fut dès lors bien moins fréquentée par les diplomates !

12 Sauval (biblio.)
13 *Ibid.*
14 *Ibid.*

•• L'HÔTEL DE LONGUEVILLE

L'hôtel de Longueville, dit aussi de Villeroy, se situait à proximité du Vieux-Louvre et de la Seine (sur un emplacement qui correspondrait aujourd'hui aux jardins des Tuileries). Cette magnifique demeure s'étendait rue des Poulies et avait été construite par Nicolas de Neuville, seigneur de Villeroy, avant d'être cédée au duc d'Anjou, futur Henri III. Elle reçut à plusieurs reprises des missions diplomatiques. L'empereur Charles-Quint et son fils Philippe d'Autriche, roi d'Espagne, dépêchèrent plusieurs ambassades parmi lesquelles, en 1556, celles du comte de Lallain, chevalier de l'ordre de la Toison d'or. D'Estrées, chevalier de l'ordre, alla chercher à la frontière l'ambassadeur, gouverneur et grand bailli du Hainaut, pour le conduire jusqu'à Paris où il lui remit les lettres du roi Henri portant la recommandation de « bien le loger lui et sa suite […], de lui présenter les vins, dragées, confitures et autres singularités accoutumées en pareilles rencontres[14] » – en un mot, de tout faire pour que l'ambassadeur et sa suite n'aient qu'à louer la bonté et la magnificence d'un si grand prince ! C'est dans cet hôtel aussi que fut accueillie l'ambassade espagnole du duc d'Albe, venue au nom du roi d'Espagne Philippe II, épouser par procuration la fille du roi Henri II, Elisabeth. La suite fut logée dans diverses maisons aux alentours de la rue Saint-Honoré, si bien que ce quartier fut appelé « quartier des Espagnols ». Le 21 juin 1559, l'ambassadeur épousait par procuration, à Notre-Dame, la princesse Elisabeth. Après l'élection du duc d'Anjou au trône de Pologne en mai 1573, une très fameuse ambassade polonaise vint à Paris pour saluer le nouveau roi et le conduire en son nouveau royaume. Les dix ambassadeurs descendirent rue des Grands-Augustins, dans l'ancien hôtel de Nantouillet, et leur suite s'éparpilla dans des auberges et maisons particulières autour de la rue de Buci. Le duc d'Anjou occupait alors

l'hôtel de Villeroy et c'est au palais des Tuileries, dont les travaux venaient de débuter, que Catherine de Médicis donna en leur honneur une fête splendide. Henryk Walezy ne resta roi de Pologne que quelques mois et revint en catimini en France à la mort de son frère, pour être sacré roi, sous le nom d'Henri III. C'est aussi à l'hôtel de Longueville que fut conduite l'ambassade anglaise d'Henry Stanley, comte de Derby, chevalier de l'ordre de la Jarretière, députée en 1585 avec une suite de plus de deux cents personnes, par la reine Elisabeth d'Angleterre auprès d'Henri III pour lui remettre l'ordre. La demeure avait été ornée des plus beaux meubles de la Couronne et, pendant tout son séjour, l'ambassadeur et sa suite furent « servis des viandes de la cuisine du roi[15] ». Ils furent traités si somptueusement par le roi, les princes et les grands seigneurs, que l'on entendit murmurer à propos de ces dépenses qu'elles avaient dépassé tout ce qu'on avait pu imaginer jusque-là. L'hôtel de Longueville disparut lors de la destruction de toutes les propriétés publiques et particulières situées dans le périmètre compris entre le Louvre et les Tuileries, qui fut entreprise dans le cadre d'un nouveau plan d'urbanisation de ce secteur au milieu du XIXe siècle.

•• D'AUTRES BELLES RÉSIDENCES, ICI ET LÀ

C'est à l'hôtel de Guise (aujourd'hui hôtel de Soubise, qui héberge les Archives nationales), le grand domaine urbain des Guise, constitué de l'assemblage de l'ancien manoir de Clisson et d'autres hôtels, que séjourna en 1575 le Vénitien Giovani Michiele, venu en ambassade féliciter Henri III qui avait abandonné la couronne de Pologne pour la couronne de France. L'ambassadeur permanent de Venise à Paris était allé le chercher à son arrivée à Charenton. Voici ce que rapporte l'ambassadeur extraordinaire lui-même à propos de la résidence mise à sa disposition : « C'est un des plus beaux de la ville et qui, destiné à être mon logement, avait été arrangé tout exprès avec une magnificence royale. Mon appartement était composé d'une anti-chambre, d'une chambre et d'un cabinet couverts de tapisseries d'or et de soie. Le lit était brillant d'or et de broderies très fines ; on l'estime à plusieurs milliers d'écus. C'est de tous les lits royaux le plus beau et le plus riche[16]. » Pour l'espagnol Don Pedro de Tolède, dernier ambassadeur extraordinaire auquel Henri IV donna audience, « il fut ordonné au capitaine Marchand de faire trouver une escouade de ses gens, garnie de hoquetons et hallebardes, et commandée par quelques-uns de ses officiers pour lui tenir compagnie à l'hôtel de Gondi, qu'on appelle maintenant hôtel de Condé[17] ». L'hôtel de Condé, résidence temporaire du diplomate espagnol, se situait sur l'emplacement de l'actuelle place de l'Odéon. Il possédait un vaste jardin aménagé à la française, avec des parterres en broderies, des bassins et des jets d'eau ainsi qu'un autre jardin en terrasse. La demeure disparut lorsque Louis XVI décida d'y établir une place, un théâtre et d'ouvrir plusieurs rues afin de faciliter la circulation. Le duc de Pastrana, quant à lui, fut logé à l'hôtel de Roquelaure, ou hôtel du Roi de Sicile, qui se situait autour de l'actuelle rue Pavée, dans le Marais.

15 *Ibid.*
16 Antoniade (biblio.).
17 Sauval (biblio.)
18 Voir Boppe et Delavaud (biblio.).
19 Archives du ministère des Affaires étrangères abrégé en MAE archives du Protocole.
20 Voir Courcel, « L'hôtel des Ambassadeurs extraordinaires » (biblio.).

LE CÉRÉMONIAL DIPLOMATIQUE À LA COUR DE FRANCE

Les raffinements de la cour d'Henri III entraînent la création de nouveaux offices et le renforcement des agents royaux dans la charge relative à l'accueil des ambassadeurs étrangers. De commissions temporaires, les fonctions d'« introducteur des ambassadeurs et des princes étrangers », « grand maître des cérémonies » et « maître des cérémonies » sont élevées en charge le 2 janvier 1585, relevant dès lors de la Maison du roi[18]. Les attributions de l'introducteur sont alors bien définies : toutes les questions concernant les relations du souverain avec les étrangers sont de son ressort. Gardien méticuleux de l'observation des règles de l'étiquette très stricte régie par un protocole spécial, il prépare les audiences d'arrivée et de congé, l'audience hebdomadaire auprès du roi, la remise des présents du roi. Le premier des introducteurs en titre fut Jérôme de Gondi, et par la suite les noms de Berlize, Dangeau et Breteuil illustrèrent avec brio cette fonction. Leurs mémoires sont des sources incontournables pour suivre les ambassadeurs étrangers lors de leurs séjours. À l'introducteur des ambassadeurs revient l'insigne honneur d'aller chercher le nouvel arrivant aux portes de la ville afin de l'avertir de la date fixée pour l'audience royale. Il l'escorte lors de son entrée officielle, lui enseigne les règles du cérémonial en vigueur à la Cour de France, lui indique le lieu de résidence désigné par le roi où il séjournera pendant les trois premiers jours de sa mission. Le choix du mobilier et de la décoration de l'hôtel des Ambassadeurs extraordinaires, la liste des repas servis à l'ambassadeur, relèvent aussi de ses fonctions. Il le conduit, en outre, au théâtre et à toutes les cérémonies et fêtes de la Cour où il est convié (aussi bien le lever et le coucher du roi). Bref, l'introducteur règle toute la vie officielle et privée de l'ambassadeur en dehors des questions politiques. Le règlement de 1578 note à propos du cérémonial que c'est « chose qui acquiert non seulement au Roi, mais à la Nation, honneur et bonne réputation parmi les étrangers, de ce quoi chacun doit être soucieux[19] ».

Dans un tournant décisif pour l'histoire du logement diplomatique, le 27 août 1621, Louis XIII décidait de l'achat et de l'affectation d'une demeure exclusivement réservée au logement des ambassadeurs extraordinaires à Paris[20], sise rue de Tournon. Le pouvoir royal s'affirme désormais comme l'unique organisateur du séjour des ambassades, retirant à la Ville de Paris ses anciennes prérogatives. Une relative stabilité dans le logement des ambassades extraordinaires était établie. Les plus prestigieuses d'entre elles séjournèrent à l'hôtel des Ambassadeurs extra-

Ci-dessous :
Entrée des ambassadeurs de Pologne à Paris en 1573 porteurs d'un message du duc d'Anjou (futur Henri III) au roi de Pologne, d'après un dessin de Félix Philippoteaux (1815-1884), gravure, 1875.

ordinaires les trois jours précédents leur audience auprès du roi, ou plus longtemps pour d'autres. On y vit tour à tour les ambassadeurs de Moscovie, du Portugal, d'Angleterre, de Siam, de Perse, d'Alger, du Maroc, de l'Empire ottoman... Presque tous les envoyés des puissances étrangères fréquentèrent les lieux, hormis les envoyés du Saint-Siège, qui bénéficiaient de nombreuses possibilités de séjour auprès de l'Église locale. Le cérémonial des ambassadeurs étrangers se déroulait dès lors en trois temps : l'entrée publique et solennelle, puis trois jours passés aux frais du roi dans l'hôtel des Ambassadeurs, et enfin l'audience royale. Chacune de ces trois étapes constituait une partie d'un tout immuable, dont le cœur était le séjour à l'hôtel des Ambassadeurs. À Versailles, l'architecture est au service du politique : depuis les balustres de l'escalier des Ambassadeurs somptueusement décoré par Charles Le Brun, venues des quatre coins du monde, les nations s'inclinent devant la majesté du royaume de France et de son souverain. Les ambassadeurs accèdent à la salle du trône en remontant les marches sous un déploiement ostentatoire de marbres polychromes. La réception se tenait parfois au palais du Louvre, comme ce fut le cas en 1663 lors de la réception des Cantons suisses venus, une nouvelle fois, pour le renouvellement de l'Alliance.

•• L'ENTRÉE SOLENNELLE

Parmi les civilités du cérémonial, les plus brillantes et les plus originales sont celles qui encadrent l'entrée solennelle des ambassadeurs extraordinaires étrangers dépêchés auprès de la Cour de France[21]. Chroniques[22], mémoires des introducteurs[23], recueils du protocole[24] conservent les récits de ces solennités. Elles font partie des divertissements les plus courus des Parisiens. Les gazetiers s'emparent de l'événement, des gravures populaires des almanachs circulent dans Paris et diffusent l'image du nouvel ambassadeur[25]. Elles sont également les premiers outils de propagande politique. L'entrée solennelle est pour l'ambassade, à l'égal du logement et de sa

[21] Voir Drumont (biblio.).
[22] *Le Mercure galant*, puis le *Nouveau Mercure galant*, sont une source de premier ordre pour le déroulement du séjour des ambassades extraordinaires à Paris.
[23] Voir notamment Courcillon (biblio.).
[24] Rousset de Missy (biblio.).
[25] Bouret (biblio.).
[26] Le couvent des Pénitents réformés du tiers-ordre de saint François dits « les religieux de Picpuce », détruit pendant la Révolution, occuperait l'emplacement du n° 61 de la rue de Picpus.
[27] « Les trajets du spectacle », *L'Architecture aujourd'hui* (biblio.).

décoration intérieure, l'acte de représentation par excellence. Le jour venu, le nouvel ambassadeur, arrivé *incognito* aux portes de la ville, sort véritablement de son anonymat. En général, il passe sa première nuit officielle sur le faubourg Saint-Antoine, dans la « Maison du Diable », ou, s'il est envoyé par un pays protestant, rue de la Planchette à la « Folie Rambouillet », située à Reuilly, ou encore dans quelque autre maison particulière réquisitionnée pour l'occasion. Les ministres des puissances catholiques font ordinairement leur entrée par la porte et le faubourg Saint-Antoine et séjournent au couvent Saint-François de Picpuce[26] où des appartements sont spécialement meublés pour l'occasion. Ils y reçoivent les premiers compliments des officiers royaux de la part des princes et des princesses de sang, puis un prince de sang ou un maréchal de France vient à eux pour les escorter dans leur traversée de la ville jusqu'à leur domicile réglementaire ou jusqu'à l'hôtel des Ambassadeurs extraordinaires. S'ils partent de la porte Saint-Antoine, les convois officiels empruntent le boulevard du même nom dont la largeur remarquable permet de faire défiler huit chevaux de front. Les cortèges, grossis par la présence des carrosses des plus grands noms de France, se dirigent ensuite vers la place Royale (actuelle place des Vosges) dont ils font le tour complet avant de poursuivre leur traversée de la ville avec force détours. Les représentants des pays du Nord entrent par les portes Saint-Denis ou Saint-Martin. Les méridionaux, quant à eux, par la porte Saint-Jacques[27]. Dans les dernières années du règne de Louis XIV, certains ambassadeurs ont parfois deux entrées, l'une à Paris, l'autre à

Ci-contre :
L'Escalier des ambassadeurs à Versailles, frontispice du recueil d'estampes « Le grand escalier du château de Versailles », Louis de Surugue de Surgis, Versailles, châteaux de Versailles et de Trianon, 1720. Le jour de l'entrée d'un ambassadeur à Versailles, le carrosse s'arrête devant les grilles du grand escalier des ambassadeurs.

Ci dessous :
Louis XIV reçoit au Louvre les ambassadeurs des treize cantons suisses, le 11 novembre 1663, A. F. van der Meulen, 1664, huile sur toile, 44 x 66 cm. Versailles, châteaux de Versailles et de Trianon. Cette rencontre devait préparer le renouvellement de l'alliance entre la France et la Suisse. L'ambassade était conduite par Jean-Henri Waser, bourgmestre de Zurich, à la tête d'une délégation de vingt ambassadeurs des cantons.

Ci-dessous et ci-contre :
AUTRICHE,
hôtel de Chezelles.
• Ouvrant sur la salle à manger, les vitrines aux boiseries incurvées présentent un ensemble de la manufacture de porcelaine d'Augarten.
Suite de l'école équestre espagnole, XVIII siècle.
• Salle à manger : raffinement du couvert, argenterie et cristalleries viennoises, mobilier bavarois, quelques jonquilles pour un dîner de printemps... Au mur, une composition de Daniel Seghers (1590-1661), peintre jésuite d'Anvers, avec au centre de la couronne de fleurs une madone à l'enfant.

28 Voir Drumont (biblio.).

Versailles. Néanmoins, le coût devenant ruineux, il est arrivé que tel ambassadeur renonce à son entrée. Lorsque la Cour est à Fontainebleau, le départ du convoi se fait depuis les villes de Nemours ou de Moret-sur-Loing.

Figé dans un cérémonial immuable, ce spectacle constitue toutefois pour les Parisiens avides d'exotisme une attraction sans cesse renouvelée. Le roi, tout aussi curieux que ses sujets amassés en grappe aux fenêtres, assiste au défilé depuis le balcon de son hôtel des Tournelles ou réquisitionne une maison mieux située[28]. Le *Mercure galant* ne manque pas de se faire l'écho dans ses moindres détails de ces brillants défilés. Les entrées les plus remarquées par leurs contemporains furent celles des ambassades de Pologne (1573), de don Pedro de Tolède, marquis de Villafranca (1608), du duc de Pastrana (1612), du cardinal Chigi (1664), des Siamois (1686), du Maroc (1699), de Savoie (1700), de Malte (1712), de Königsegg de la Cour impériale (1718), de Mehemet Riza Beg envoyé du chah de Perse (1715), du Portugal (1715), de Mehemet-Effendi de la Porte Ottomane (1721), de Sardaigne (1726), de l'Autrichien Kaunitz (1752), et, sans doute l'une des dernières à laquelle aient assisté les Parisiens : celle du Turc Esseid Ali Effendi reçu par le Directoire (1797) et qui éveilla toutes les curiosités. Un taux record d'affluence est atteint avec l'ambassade espagnole du duc de Pastrana. Le 13 août 1612, l'ambassadeur entre dans la capitale par la porte Saint-Jacques et traverse Paris jusqu'à l'hôtel de Roquelaure, rue du Roi-de-Sicile, dans le Marais, désigné pour son séjour. Impossible de se frayer un chemin, les rues encore étroites et sombres sont saturées. La famille royale assiste au défilé du

Ci-contre :
Promenade des ambassadeurs du sultan de Mysore Tippoo-Sahib et de leur entourage dans le parc du château de Saint-Cloud, 1788, C.-E. Asselin, gouache, 66 × 98,5 cm, Sèvres, archives de la Manufacture de Sèvres. Les ambassadeurs de l'Inde, venus chercher le soutien de la France contre l'Angleterre, séjournèrent à l'hôtel des Menus-Plaisirs, sur le faubourg Poissonnière.

29 Breuil (A. du), *Entrée et voyage de M. le duc de Pastrana, ambassadeur extraordinaire de sa majesté catholique*, Paris, 1612, bibliothèque Mazarine. 37 272²⁻ᴾ.
30 Voir *Le Nouveau Mercure galant*, 1715.
31 *Ibid.*
32 De Cheverny (biblio.).
33 Drumont (biblio.).
34 Ruffin (biblio.).

haut d'un balcon : « Le Roi vit passer tout cet équipage par une jalousie, dans une maison qui fait le coin de la rue Saint-Martin, vis à vis du pont Notre Dame. Il avait fait cacher les hallebardes et les hoquetons de ses gardes pour n'être point remarqué [...] la Reine et Madame étaient à une fenêtre sur le milieu du pont. Les hoquetons des gardes qui étaient devant ce logis, en donnèrent connaissance à l'ambassadeur, qui les salua fort bassement ; Madame le regarda sans ôter son masque, ni faire semblant de le saluer. Madame la princesse de Conti était dans la boutique de la même maison. La reine Marguerite était à une fenêtre vis à vis de la Reine, Mesdames les princesses de Condé étaient en un autre logis proche de là [...] Monsieur le Prince était aussi un peu plus bas avec sa suite[29]. »

En 1715, l'Empire maritime du Portugal est sans limite : l'or du Brésil coule à flot dans les caisses du Trésor ; le roi du Portugal se fait une nécessité politique d'encourager le luxe ostentatoire de ses représentants à l'étranger. Le 15 août, Ribeira se fait remarquer par une suite impressionnante de centaines de gentilshommes, écuyers, pages, valets de chambre, valets de pieds, cochers, portillons, Suisses, resplendissants dans leurs costumes de parade. Les carrosses sont de véritables morceaux d'architecture : « Dans le fond de l'impériale fait en dôme, il y avait un artichaut en broderie. Les rideaux étaient de soie verte brodée d'or et autour régnait une frange d'or haute de deux doigts. Le marchepied était de marqueterie, d'écaille et de cuivre doré d'un dessin exquis. Le dehors était de velours vert tout couvert de broderie d'or en relief fait par les meilleurs artisans de Paris. Des pommes de bronze doré représentaient un dragon avec les ailes déployées qui est le blason du Portugal couronné par deux anges. Les broderies sur les portières représentaient les armes de l'ambassadeur ainsi que différentes idées au sujet de la Paix. Les quatre montants des coins du carrosse représentaient en très belles sculptures dorées les quatre parties du monde dans lesquelles le Portugal a des domaines[30]. » Ce fut un véritable triomphe ! Les cris d'admiration redoublèrent d'intensité lorsque le premier écuyer jeta des places publiques et des carrefours une quantité prodigieuse de médailles d'or et d'argent que « le peuple parisien avait soin de ramasser avec avidité en bénissant la noblesse et la générosité de l'ambassadeur[31] ». Le 22 août 1715, l'ambassadeur du Portugal se rend à Versailles pour son audience, mais la mauvaise santé du roi l'empêche d'être reçu. L'envoyé du Portugal resta à Paris de 1713 à 1721, avec la qualité d'ambassadeur extraordinaire. L'hôtel de Bretonvilliers, sur l'île Saint-Louis, fut le lieu de résidence de sa fastueuse ambassade.

Au lendemain des traités d'Aix-la-Chapelle (1748), l'Autriche, qui souhaitait se rapprocher de la France, son ennemie de longue date, dépêcha à Paris pour cimenter la paix l'un des plus grands diplomates du XVIIIᵉ siècle : Kaunitz-Rietberg. L'introducteur des ambassadeurs Dufort de Cheverny rapporte l'épisode dans son journal : « Monsieur de Kaunitz avec son goût de la parure, son éloquence naturelle, sa figure distinguée, sa manière aimable, mais compassée, les surpassaient tous [...] son habit était superbe, entremêlé d'une broderie semée de diamants [...] tous les badauds criaient "il est beau comme un ange !" et couraient pour le revoir plusieurs fois [...] nous ne pûmes commencer la marche qu'à midi ; elle avait été imprimée, on la criait à nous étourdir les oreilles […][32]. » Barbier retrace également le parcours emprunté par l'ambassadeur : « Il y avait cinq carrosses, de belles livrées et quantité de domestiques, huit pages. Il a fait une furieuse marche le long de la rue Saint-Honoré, le tour de la place Vendôme, a passé devant le Pont Tournant des Tuileries, les quais des Tuileries et du Louvre, le Pont Neuf, le quai des Théatins, la rue de Grenelle, pour gagner le Palais-Bourbon où il demeure. Depuis Picpuce, la tournée est grande. Tout son chemin étant garni de monde et de carrosses, il a vu ce que c'est que Paris[33] ! » L'usage de ces coûteux défilés se perdra peu à peu. Le 2 octobre 1763, l'entrée du nouvel ambassadeur de Venise attire encore une grande affluence car il ne s'en est pas fait depuis plusieurs années. En 1777, l'envoyé du Bey de Tunis, Suleiman Aga, n'a pas d'entrée[34] : l'heure n'est plus aux grandes dépenses et le mot d'ordre de Necker est à l'économie.

● L'HÔTEL DES AMBASSADEURS EXTRAORDINAIRES ET SES HÔTES

Dès le début du XVIIe siècle, cette nouvelle pratique d'accueil qui consiste à dédier un lieu de caractère au séjour des ambassades étrangères se répand dans la plupart des États européens. La dignité du roi et le rang de son hôte exigent que la demeure soit bien choisie. L'hôtel particulier destiné à remplir cette fonction en France fut l'hôtel du maréchal d'Ancre (actuel n° 10 de la rue de Tournon). La demeure avait été édifiée au début du XVIIe siècle par Concino Concini et comptait dès

lors pour l'une des plus agréables résidences de Paris. L'hôtel fut affecté à l'accueil des missions diplomatiques de 1621 à 1748, date à laquelle Louis XV le céda au duc de Nivernais, en échange de l'hôtel qu'il possédait en bordure de la rue des Petits-Champs, l'hôtel de Lionne-Pontchartrain. Partiellement démoli et reconstruit, propriété de la Ville de Paris depuis le début du XIXe siècle et affecté à la garde municipale, l'hôtel de la rue de Tournon deviendra ce qu'il est toujours, la garde républicaine. Cette vaste demeure agrémentée de beaux jardins et dont le parti offrait des salons de réceptions, des écuries et de vastes espaces permettant de loger l'ambassadeur et sa suite, fut pendant plus d'un siècle la résidence des ambassadeurs extraordinaires. La proximité du palais du Luxembourg, devenu le pôle de l'activité politique de Marie de Médicis, assurait aux diplomates la jouissance d'une situation privilégiée au cœur du faubourg Saint-Germain naissant.

Les ambassadeurs pouvaient y être reçus « par présents » ou « par officiers ». Traités par présents, ils recevaient le pain, les viandes et les vins des officiers du roi mais étaient servis par leurs domestiques. Traité par officiers, ils étaient servis par les maîtres d'hôtel du roi et les cuisiniers leur préparaient sur place les repas. Un concierge et deux jardiniers formaient le personnel permanent. Quel que soit leur traitement, à l'hôtel des Ambassadeurs, « on y festinait leurs grandeurs[35] ». À l'arrivée de chaque nouvelle ambassade, les tapissiers de la Cour et le garde-meuble s'appliquaient à remettre en état ou au goût du jour la décoration et les aménagements de l'hôtel. Leur tâche n'était pas facile : de la place d'un fauteuil pouvait naître mille questions d'étiquette et autant de querelles protocolaires. Gardien méticuleux du cérémonial, l'introducteur des ambassadeurs veillait à ce que rien ne fût laissé au hasard dans le choix ou la disposition du mobilier. Pendant les trois premiers jours de leur mission, les ambassadeurs étaient les hôtes du roi et vivaient entièrement aux frais de la Couronne. Mais bien souvent, les pays lointains n'ayant pas de représentation permanente à Paris où leurs émissaires auraient pu résider après ces trois jours, ils y étaient défrayés pendant toute la durée de leur séjour. L'anecdote raconte qu'il pouvait devenir difficile de déloger les ambassadeurs de Perse, de la Porte Ottomane, de Siam, du Maroc : totalement entretenus pendant plusieurs mois, ils avaient pris leurs habitudes... Le cérémonial prévoyait une assistance à chacun des mouvements de l'hôte de la demeure ; le diplomate était alors prisonnier de l'introducteur et devait se plier aux exigences du cérémonial et de l'étiquette en vigueur à la Cour de France. Cependant, compte tenu de la fréquence des allées et venues des ambassades, l'hôtel de la rue de Tournon ne pouvait accueillir simultanément plusieurs missions étrangères, et la pratique des maisons emprun-

Ci-contre :
SUISSE,
hôtel de Besenval. Le mobilier du baron de Besenval sur le thème des *Fables* de La Fontaine, retrouvé récemment, a été acquis par la Suisse et réintégré dans son cadre d'origine.

Ci-dessous :
Mehemet Riza Beg, envoyé du Shah de Perse en 1715, dans son bain, à l'hôtel des Ambassadeurs extraordinaires, rue de Tournon, gravure, musée Carnavalet. Son humeur fantasque et ses extravagances ont inspiré Montesquieu pour *Les Lettres persanes*. La légende de la gravure est assez curieuse : « Mehemet Riza Beg, ambassadeur de Perse, se baigne souvent dans l'eau très chaude ; il y demeure six heures, il s'y met nu et en sort de même à la réserve d'un petit caleçon ; il y est tête nue. On lui bâtit actuellement des bains dans l'hôtel des ambassadeurs. Il fume dès qu'il en est sorti. »

[35] Boppe et Delavaud (biblio.).

tées fut maintenue tout au long de l'Ancien Régime. Les diplomates qui n'étaient pas logés à l'hôtel des Ambassadeurs étaient tout de même défrayés par le roi, qui les faisait nourrir par ses grands officiers et leur offrait tout ce qui est nécessaire à leur subsistance pendant les premiers temps de leur mission. Ainsi Berlize escorta un Polonais depuis la rue Saint-Denis jusqu'à l'hôtel de Saint-Chaumont car un Anglais occupait l'hôtel des Ambassadeurs. Ce dernier était par ailleurs devenu si encombrant que le cardinal de Richelieu ne savait plus que faire pour le déloger ; par chance l'émissaire tomba malade et il fut transféré à l'hôtel du général des Galères, ou hôtel de Guébriant, meublé par le roi (14, rue Saint-Guillaume). L'hôtel de Guébriant devint un hôtel meublé, loué entre autres par l'ambassadeur de Venise Alloyer de Sagredo, à l'instar de l'hôtel de Garsanlan, loué à plusieurs ambassadeurs permanents. En 1644, les débuts de la Fronde et la pénurie du Trésor forcèrent le roi à abandonner l'hôtel de la rue de Tournon. Mais comme il ne pouvait se permettre de ne pas offrir de logement à ses hôtes de marque, d'autres résidences, moins coûteuses furent aménagées pour leur séjour. L'hôtel de Vendôme, une belle résidence détruite lors de l'aménagement de la place Vendôme, accueillit pendant quelques années des missions diplomatiques[36] : des Polonais venus pour le mariage de Louise de Gonzague, duchesse de Mantoue, avec Ladislas VII, roi de Pologne ; ou encore Wefeldt, ambassadeur du Danemark. D'autres logis furent temporairement choisis : en 1654, le Moscovite Matchékine, porteur d'une lettre du tsar, séjourna dans un hôtel garni de la rue Dauphine, en 1663 ; les ambassadeurs des Cantons suisses venus à la suite du traité d'alliance signé à Soleure, descendirent dans quelques hôtelleries du quartier Saint-Martin. L'ambassade conduite par le bourgmestre de Zurich, Waser, était composée de trente-cinq envoyés et près de quatre-vingt-dix fils, neveux, gendres, et de toute une foule d'écuyers et domestiques[37]. Le greffier de la Ville de Zurich, qui assista à un dîner offert en leur honneur par la duchesse de Longueville, compta sept mille pièces de gibiers... À partir de 1668, l'hôtel de la rue de Tournon fut remis en service. Depuis 1662, le roi reprenait les rênes du pouvoir et ouvrait une période de gouvernement personnel et de magnificence. Les plus grandes ambassades accréditées auprès du Roi-Soleil purent y séjourner à nouveau.

36 Le vaste hôtel de Vendôme, situé dans l'actuelle rue Saint-Honoré, avait été édifié pour le duc de Retz, sous Charles IX. Cette vaste propriété était dotée d'un jardin et se situait à proximité du couvent des Capucines. Louis XIV acheta l'hôtel et le couvent en 1685 pour les démolir en vue de la formation de la place Vendôme.
37 Nicard (biblio.).
38 Ross (Nicolas). *Saint-Alexandre-sur-Seine, l'église russe de Paris et ses fidèles des origines à 1917*, Paris, Le Cerf, 2005.
39 *Le Mercure galant*, mai 1681, cité par Ross, *op. cit.*

•• L'AMBASSADE MOSCOVITE DE POTEMKINE (1668 ET 1681)

On y vit entre autres, en cette année 1668, Pierre-Ivanovitch Potemkine, l'ambassadeur du grand-duc de Moscovie. Son ambassade était la première mission diplomatique russe d'importance envoyée à Paris. Cette mission est, en outre, bien connue grâce au journal du sieur de Catheux, mestre de camp d'un régiment de cavalerie et gentilhomme ordinaire du roi que Louis XIV avait dépêché auprès de Potemkine dès son arrivée à Bayonne. La venue du diplomate russe avait un triple objet : la préparation d'un traité d'amitié et d'un traité de commerce entre la France et la Moscovie, ainsi que l'envoi d'ambassadeurs de France en Moscovie. Débarqués à Bayonne depuis l'Espagne, la mission fut conduite à Bordeaux et trouva un logis qui lui avait été préparé sur ordre du roi. L'ambassadeur se dirigea ensuite vers Paris ; à l'approche de la capitale, il campa en plein champ avec sa suite, avant de recevoir les honneurs dus à son rang. Potemkine séjourna pendant vingt-sept jours à l'hôtel des Ambassadeurs extraordinaires. L'une des pièces fut réservée au service religieux ; c'est d'ailleurs pour cette raison que l'hôtel de la rue de Tournon a parfois été considéré comme l'un des premiers lieux de culte orthodoxe à Paris[38]. Potemkine revint en 1681 accompagné d'une importante délégation, comptant plus de soixante-deux personnes. Cette seconde ambassade avait pour but d'annoncer l'avènement du tsar Féodor Alexéievitch et la reconduction du traité de paix avec la Pologne.

Le séjour des Moscovites à l'hôtel des Ambassadeurs extraordinaires déclencha auprès des Parisiens une véritable émeute de curiosité (le *Mercure galant* y consacra des reportages détaillés en mai et juin). La mission fut conduite de nuit à son logis afin de limiter l'approche des curieux. Ensuite et chaque jour « une grande affluence de monde » venait visiter l'ambassadeur et sa suite. Comme pour la mission précédente, dans la chambre principale « le premier ambassadeur fit dresser une manière d'autel, mais beaucoup plus élevé que ne sont ceux de nos églises [...]. Tant que cet ambassadeur a demeuré à Paris, il n'a point passé devant cet hôtel sans faire plusieurs révérences [...] »[39]. Mais le congé de l'ambassadeur tourna mal : Potemkine refusa le titre donné par Louis XIV au tsar. Les Russes quittèrent Paris le 21 mai et s'en allèrent en direction de l'Espagne.

De gauche à droite : par le graveur Louis de Surugue de Surgis (1686-1762), estampes d'après Charles Le Brun, 1720, *Les différentes nations de l'Europe*, pl. 9, 34,5 x 27 cm. *Les différentes nations de l'Asie*, pl. 18, 34,5 x 27 cm. Versailles, châteaux de Versailles et de Trianon.

Ci-contre :
Mohammed Temin, ambassadeur du Sultan du Maroc, assistant à un spectacle dans une loge de la Comédie-Italienne à Paris, en février 1682, A. Coypel, huile sur toile, 28 x 22 cm, Versailles, châteaux de Versailles et de Trianon. L'ambassadeur assiste à la représentation d'*Atys* de Lulli, en présence du roi.

Double-page suivante :
Sortie de l'ambassadeur de la Sublime Porte, Mehemet-Effendi, le 21 mars 1721, Martin Pierre Denis (1663-1742), huile sur toile, Paris, musée Carnavalet.
À la suite de l'audience de l'ambassadeur au château des Tuileries, le cortège, très remarqué, traverse le pont Royal, sous le pavillon de Flore, pour se rendre rive gauche, à l'hôtel des Ambassadeurs extraordinaires, rue de Tournon.

TURQUIE,
hôtel de Lamballe,
façade sur jardin.

•• L'AMBASSADE MAROCAINE D'ABDALLAH BEN AÏCHA (1699)

Le sultan du Maroc Mouley Ismaël désigna l'un de ses plus hauts fonctionnaires pour une ambassade auprès de Louis XIV du 16 février au 5 mai 1699. La France et le Maroc avaient tout intérêt à entretenir des relations cordiales[40]. Les archives du Quai d'Orsay permettent de suivre la mission de l'ambassadeur Ben Aïcha dans ses moindres faits et gestes. Débarqué à Brest, il fut logé dans la maison du roi, chez l'intendant de la Marine, à qui il avait été recommandé de bien veiller à ce que Ben Aïcha « ne gaste pas les meubles ». Le volume de ses bagages était considérable. Son chargement comportait en outre des vivres, dont « quinze cents livres de dattes et de "couscoussou", farine de son pays qui sert à préparer le plat favori des Maures »[41]. Tant et si bien qu'il fut plus économique de convoyer les bagages par voie d'eau que par voie de terre, et une tartane fut mise à sa disposition pour remonter la Seine depuis le Havre jusqu'à Paris. L'ambassadeur, quant à lui, prit la route en chaise de poste, les autres à cheval ou en charrette. Il eut des entrées solennelles à Rennes, Nantes, Saumur, Angers, Orléans, et partout il fut accueilli avec le même enthousiasme. Vingt-huit jours plus tard, il était à Paris. La curiosité bruyante avait pris une telle ampleur que le secrétaire d'État des Affaires étrangères avait dû faire une demande pour « contenir le peuple dans le respect auquel ont droit les diplomates étrangers[42] ». Breteuil conduisit l'envoyé à l'hôtel des Ambassadeurs extraordinaires, où son logis avait été fixé. Tout avait été préparé avec le plus grand soin pour ne le froisser en rien. Breteuil avait recommandé que soit retirées les tapisseries et les tentures comportant des figures humaines, d'oiseaux et de tous animaux, selon les prescriptions du Coran. Pour son plus grand confort, des divans à la mode turque avaient été installés dans les appartements et salons de réception. Quatre gardes, choisis parmi les plus robustes de la Garde suisse, avaient été postés devant la porte de l'hôtel de la rue de Tournon, de jour comme de nuit. Quelques mois passèrent. Les ministres finirent par s'apercevoir que le diplomate se dérobait sans cesse aux négociations des affaires pour lesquelles il était venu. Les dépenses engagées pour son entretien commençaient à augmenter sérieusement, d'autant plus que Ben Aïcha était tombé malade et que rien n'était épargné pour son rétablissement. On conserve au Quai d'Orsay le montant des notes d'apothicaires et de blanchissage...

•• L'AMBASSADE PERSE DE MEHEMET RIZA BEG (1715)

L'histoire de l'ambassade de Mehemet Riza Beg, envoyé du chah de Perse, qui fit son entrée à Paris le 7 février 1715, n'est plus à faire depuis que Maurice Herbette lui a consacré un ouvrage aussi érudit qu'amusant[43]. Quantité de gravures populaires illustrent sa vie parisienne, son entrée, son séjour à l'hôtel des Ambassadeurs où il demeura près de six mois, entretenu pour 500 livres par mois ! L'intendant des meubles de la Couronne fut envoyé rue de Tournon pour les aménagements et Breteuil eut soin de faire accrocher dans la chambre de Riza Beg des tapisseries sans personnage, de velours vert brodé d'or. Breteuil

---

40 « Mouley Ismaël, empereur du Maroc et la princesse de Conti... » (biblio.).
41 *Ibid.*
42 *Ibid.*
43 Voir Herbette, *Une ambassade persane sous Louis XIV* (biblio.).

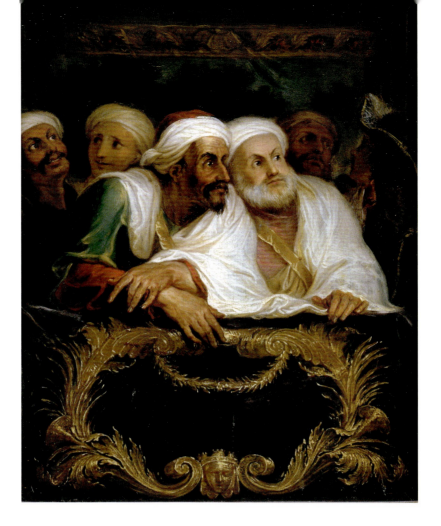

se chargea lui-même de la répartition des chambres et se réserva un bureau, en prévision de ses fréquentes visites. L'atmosphère de l'hôtel de la rue de Tournon et l'humeur fantasque du Perse transparaissaient dans une gravure représentant l'ambassadeur dans son bain (voir *supra*, p. 31). Breteuil s'était, en effet, entendu avec l'intendant des bâtiments pour relier les canalisations de l'hôtel des Ambassadeurs à l'eau d'Arcueil et construire une baignoire destinée aux pratiques traditionnelles des Perses. Afin de répondre à la curiosité des Parisiens pour ces aménagements, une gravure fut donc imprimée. Comme un coq en pâte rue de Tournon, Riza Beg n'était pas du tout pressé de repartir et la vie parisienne lui convenait tout à fait. Seules les subtilités diplomatiques permirent de mettre un terme à ce séjour et de reconduire avec élégance cet ambassadeur oriental un peu encombrant. Trois chalands furent affrétés pour qu'il puisse, lui, sa suite et ses bagages, regagner le Havre par la Seine. Ses aventures rocambolesques ne s'arrêtent pas là… À Rouen, il faisait embarquer une caisse percée de trous, dans laquelle un oreiller et un matelas avaient été installés. La précieuse caisse contenait un souvenir de prix : il ne s'agissait pas moins de mademoiselle d'Épinay, enceinte des œuvres de l'ambassadeur ! Le 13 septembre 1715, le convoi diplomatique quittait le Havre pour regagner la Perse depuis la Russie. Les mésaventures de Riza Beg à Paris, ses allures méprisantes, son caractère difficile alimentèrent les récits des gazetiers. Si son ambassade n'eut aucune conséquence politique, nous y avons gagné toutefois les *Lettres persanes* de Montesquieu, et lui, l'immortalité.

•• L'AMBASSADE TURQUE DE MEHEMET-EFFENDI (1720-1721)

Mehemet-Effendi est le premier ambassadeur turc venu à Paris en ambassade solennelle et avec des titres non contestés. Un émissaire du sultan, Soliman Aga, était d'abord venu en 1669 auprès de Louis XIV, mais son titre de *bostandgi*, c'est-à-dire d'intendant des jardins du sérail, sa qualité douteuse et son humeur extravagante avaient empêché de prendre sa mission au

sérieux. Si son ambassade fut un échec, nous lui devons cependant d'avoir apporté dans ses bagages une nouvelle boisson, le café, qu'il servait à tous ceux qui venaient lui rendre visite en son hôtel. Depuis son séjour, les Orientaux avaient mauvaise réputation et une réelle appréhension régnait à leur encontre à Versailles comme à Paris. La mission du Perse Mehemet Riza-Beg, qui s'était fait remarquer par son manque de savoir-vivre, n'avait fait qu'accroître la défiance que l'on portait aux Orientaux. Sans oublier la peste qui avait fait des ravages en Provence, depuis qu'un navire venu d'Orient l'avait importée… Lorsque Mehemet-Effendi arrive à Paris en 1720, les caisses du Trésor sont au plus bas, mais l'usage qui voulait que les ambassadeurs du Grand Seigneur fussent entretenus tout le temps de leur séjour ne fut pas remis en cause.

Malgré tout, l'ambassade de Mehemet-Effendi fut bien accueillie et les résultats politiques escomptés furent positifs[44]. Le récit qu'il fit lui-même de son ambassade, nous permet de connaître au jour le jour ses impressions, ses enthousiasmes et ses déceptions[45]. Embarqué à Constantinople le 7 octobre 1720, avec une suite d'une soixantaine de personnes, il toucha sans encombre le port de Sète le 16 décembre. À Paris, Mehemet-Effendi déchaîna une émeute de curiosité auprès des habitants qui ne lui laissèrent aucun répit, venant l'épier jusque dans sa résidence de la rue de Tournon : « Ce qu'ils désiraient le plus, rapporte-t-il, était de me voir manger. On venait m'annoncer la fille et la femme d'un tel qui demandait la permission d'assister à mon dîner. Il se rencontrait parfois que c'était des personnes auxquelles je ne pouvais refuser l'entrée : mais, comme elles ne pouvaient manger avec moi, elles ne faisaient qu'entourer la table pour nous regarder. Ces manières très nouvelles pour moi me gênaient beaucoup ; mais ma

[44] Voir « Un ambassadeur turc à Paris sous la Régence… » (biblio.).
[45] Effendi (biblio.). Voir également « Un ambassadeur turc à Paris sous la Régence… » (biblio.).

complaisance me faisait prendre patience. Pour les Français, ils ont coutumes d'assister ainsi aux repas, et lorsque, par exemple, le Roi se met à table on permet d'entrer à ceux qui ont envie de le voir manger. On va de même, ce qui est bien plus étrange, à son lever et à sa toilette ; voilà pourquoi ils venaient m'importuner de cérémonies dont je leur eusse volontiers fait grâce […]. » Pour la Maison du roi, l'entretien de l'ambassadeur turc coûtait 497 livres par jour, une somme exorbitante, d'autant plus que Mehemet et sa suite « mangeaient la nuit comme le jour ». Le 7 septembre 1721, Mehemet-Effendi faisait voile vers l'Orient ; deux vaisseaux de la marine royale lui faisaient escorte. Un mois plus tard, il accostait sur les bords du Bosphore. Son ambassade permit un rapprochement plus étroit entre les Turcs et la France. À son retour, l'influence occidentale se fit plus présente, et les visites spéciales qu'il avait pu faire à Paris l'incitèrent notamment à implanter la première imprimerie turque, une bibliothèque, des écoles et une académie… La description enthousiaste qu'il avait faite des jardins et des palais de Paris et de Versailles auprès du sultan, suggéra à ce dernier le goût de les imiter. À l'instar de Pierre le Grand, qui, aussitôt rentré de son voyage à Paris, faisait orner son château de Péterhof de jardins et buffets d'eau dans le style versaillais, le grand vizir, sur les indications de Mehemet et d'architectes venus de France, embellissait Constantinople d'édifices d'un goût nouveau, où l'exubérance orientale se voyait tempérée de classicisme. Son fils Saïd Mehemet Pacha fut également ambassadeur de Turquie auprès de la Cour de France (1741).

Ci-contre :
Charles Parrocel, *Arrivée de l'ambassade de la Sublime Porte conduite par Mehemet-Effendi aux jardins des Tuileries, 21 mars 1721*, huile sur toile, 228 x 329 cm. Versailles, châteaux de Versailles et de Trianon. Cette œuvre a été reproduite pour une tapisserie des Gobelins, présentée lors de l'Exposition internationale de Paris de 1937 et à l'ambassade de France à Ankara.

Ci dessus:
L'Entrée de l'ambassadeur de Perse à Paris Mehemet Riza Beg, le 7 février 1715, dessin. Paris, musée du Louvre, coll. Rothschild. Riza Beg séjourna à l'hôtel des Ambassadeurs, rue de Tournon, et œuvra pour des accords d'amitié et de commerce entre les deux pays.

● LES DERNIERS HÔTELS DES AMBASSADEURS EXTRAORDINAIRES

Louis XV, tout autant que Louis XIV, accordait une attention particulière à l'accueil de ses hôtes diplomatiques. En 1748, pour des raisons d'économie, l'hôtel de la rue de Tournon fut néanmoins vendu et devait disparaître cette fois-ci définitivement du domaine royal. L'hôtel de Lionne-Pontchartrain, situé à proximité du Louvre, rue Neuve des Petits-Champs, servit dès lors aux ambassadeurs étrangers avant d'être affecté au siège du contrôle général des finances en 1756. Louis XV décida que le nouvel hôtel des ambassadeurs ne serait pas réservé exclusivement aux représentants étrangers mais pourrait aussi recevoir des personnes à qui le roi accorderait la grâce d'un logement. Parmi ces privilégiés figurait la marquise de Pompadour qui reçut l'attribution d'un appartement au premier étage de l'hôtel de Pontchartrain. Le magnifique hôtel construit par Le Vau et décoré par Hugues de Lionne fut par la suite vendu et détruit en 1827, sans qu'il ait vraiment fait office d'hôtel des ambassadeurs. Le Palais-Bourbon, élevé en même temps que l'hôtel de Lassay dont il est contigu, reçut également à titre exceptionnel des missions diplomatiques. Construit dans le style du Grand Trianon, à l'italienne, de plain-pied entre cour et jardin, il était considéré comme le plus bel ornement de la ville après les maisons royales. Le comte de Kaunitz, ambassadeur de Marie-Thérèse impératrice d'Autriche, séjourna dans cette splendide demeure (1750-1752) qui s'étendait à l'ouest jusqu'à l'esplanade des Invalides et au nord, avec ses jardins, jusqu'à la Seine. Par la suite, Louis XV puis Louis XVI cherchèrent à rétablir la permanence d'un hôtel des ambassadeurs et plusieurs projets furent étudiés. L'architecte Gabriel avança l'idée d'affecter pour le logement des ambassadeurs extraordinaires soit l'un des bâtiments de la place de Concorde (actuel hôtel Crillon), récemment achevé par lui-même, soit à nouveau l'hôtel de Pontchartrain, et ce de manière définitive[46]. En témoigne, en 1765, un plan d'étude de Gabriel portant la mention d'un « projet de l'hôtel du contrôle général ou des ambassadeurs extraordinaires ». Ces possibilités s'inscrivaient dans une politique du logement avant la lettre : à chaque grand service d'État devait être attribué un logement participant à une vision d'ensemble. Ces projets ne purent aboutir, faute de temps et de crédits. Sur ces entrefaites, la marquise de Pompadour mourut en léguant au roi Louis XV son hôtel d'Évreux, actuel palais de l'Élysée. Il fut affecté provisoirement à la réception des ambassadeurs et, signe des temps nouveaux, le projet prévoyait l'exposition publique des grands tableaux des ports de France du peintre Joseph Vernet, et l'ouverture des jardins pour le délassement des promeneurs. Le projet n'aboutit pas – le mot d'ordre était à l'économie – et l'hôtel fut revendu au financier Nicolas Beaujon ; lui-même le revendra au roi Louis XVI. À nouveau, une chance se présentait de pouvoir

46 Archives nationales, O¹ 1579. Mémoire remis par J.A. Gabriel le 24 février 1765 au contrôleur général des Finances. Cité par Courcel, « L'hôtel des Ambassadeurs extraordinaires » (biblio.).
47 Lazare (biblio.).
48 Voir Verne (biblio.).

rétablir un hôtel des ambassadeurs. Il ne pouvait y avoir de meilleure correspondance entre cette demeure harmonieuse, idéalement située, et sa nouvelle fonction d'accueil des hôtes de marques étrangers. L'arrêt du 3 novembre 1786 ordonne que l'hôtel sera consacré au logement des princes et princesses étrangers ainsi qu'aux ambassadeurs extraordinaires[47]. Le marquis de Marigny, directeur des bâtiments du roi, des arts, des jardins et des manufactures, confia sans tarder le projet de transformation et d'adaptation aux architectes Gabriel et Soufflot. On proposa d'inscrire au fronton du nouvel édifice diplomatique : « Hôtel des Ambassadeurs extraordinaires ». Malgré cette affectation qui devait être perpétuelle, la guerre d'indépendance des États-Unis engagea de lourdes dépenses et un hôtel des ambassadeurs fut à nouveau considéré comme superflu. L'hôtel du faubourg Saint-Honoré fut vendu en 1787 à la duchesse de Bourbon. En 1788, il n'y avait plus d'hôtel *ad hoc* pour recevoir les ambassadeurs du sultan de Mysore Tippou Sahib, venus chercher le soutien de la France contre l'Angleterre. Louis XVI les reçut dans son hôtel des Menus-Plaisirs, rue Bergère[48]. La régularité croissante des relations diplomatiques, le recours plus systématique à la pratique de l'ambassade permanente, la fréquence des visites de souverains, les difficultés financières des dernières années du règne de Louis XVI furent autant de raisons pour suspendre l'existence d'un hôtel exclusivement réservé à la résidence des ambassadeurs extraordinaires. Ce logement de grâce accordé aux diplomates étrangers disparut avec l'Ancien Régime. L'hôtel de Marigny, résidence des hôtes de l'Élysée, en est l'actuelle réminiscence.

Ci-contre :
Portrait en pied de Mehemet Saïd Pacha, Bey de Roumélie, ambassadeur extraordinaire du sultan ottoman Mahmoud Ier à Versailles, 11 janvier 1742, fils de Mehemet-Effendi, venu en 1721, J. Aved, 1742, huile sur toile, 238 x 161 cm. Versailles, châteaux de Versailles et de Trianon.

Ci-dessous :
PALAIS DE L'ÉLYSÉE, côté jardin. L'ancien hôtel d'Évreux fut l'un des derniers hôtels des ambassadeurs extraordinaires de l'Ancien Régime.

A L'AUBE DE LA REPRESENTATION PERMANENTE

Entre les XVIIe et XVIIIe siècles, Paris se couvre de beaux hôtels et de jardins tandis que naissent de nouveaux quartiers à la mode : les faubourgs Saint-Germain et Saint-Honoré. C'est là que les premiers ambassadeurs permanents, encore locataires de leur domicile, s'établissent. Si ces ministres étrangers ordinaires bénéficient d'appointements de leur prince, ils résident encore à leurs frais, et de façon précaire. A chaque nouvel envoyé correspond une nouvelle adresse. Depuis les traités de Westphalie (1648), seuls comptaient en diplomatie les envoyés des Cours d'Europe. À la veille de la Révolution, le village de Passy accueille le premier ambassadeur du Nouveau Monde, Benjamin Franklin.

À L'INSTAR DES ÉTATS ITALIENS

Au début du XVIe siècle, à l'exemple des petits États de la péninsule italienne, et tandis que les ambassades extraordinaires sillonnent encore l'Europe en chaise de poste dans la poussière, la chaleur, le froid ou l'insécurité, la pratique de l'ambassade permanente commence lentement à se mettre en place. Pour les États italiens, cette méthode d'action efficace, facilitée par une communauté linguistique, répondait alors à un besoin de se surveiller, de nouer des alliances, afin qu'aucun d'eux n'acquière trop de puissance ou d'hégémonie. Pratiquée depuis le début du XIVe siècle dans la péninsule, la diplomatie permanente prend son essor véritable lorsque les négociateurs italiens portent au-delà des frontières leurs talents d'observateurs et de négociateurs, et que s'implantent notamment à Paris des Vénitiens, des Milanais, des Florentins et des Napolitains. En 1460, la première ambassade milanaise permanente s'ouvre à Paris. Peu après, Louis XI prend pour confident et pour se faire enseigner les subtilités de la diplomatie italienne, le chef de l'ambassade, Alberigo Maletta. En 1482, à la suite de la signature d'un traité d'alliance avec la France, la Sérénissime accrédite à Paris son premier ambassadeur permanent[1]. Les nonciatures permanentes ne seraient apparues qu'au tout début du XVIe siècle, après les autres ambassades italiennes. Les traités de Westphalie (1648) marquent les débuts d'une diplomatie organisée et régulière entre les différentes puissances européennes, leurs souverains ayant éprouvé l'efficacité de cette pratique

1 Voir Antoniade (biblio.).
2 Richelieu (cardinal de), *Maximes d'État ou Testament politique d'Armand du Plessis, cardinal duc de Richelieu*, Paris, 1764.

pour la défense de leurs affaires. La nécessité de la négociation permanente est officiellement reconnue par Richelieu dans son *Testament politique* : « J'ose dire hardiment que négocier sans cesse ouvertement, ou secrètement, en tous lieux, encore même qu'on n'en reçoive pas un fruit présent, et que celui qu'on en peut attendre à l'avenir ne soit pas apparent, est une chose tout à fait nécessaire pour le bien des États [...] Celui qui négocie toujours trouve enfin un instant propre pour venir à ses fins ; et quand même il ne le trouverait pas, et que par le moyen de ces négociations, il est averti de ce qui se passe dans le monde, ce qui n'est pas de petite conséquence pour le bien des États [...] Les négociations sont des remèdes innocents qui ne font jamais de mal, il faut agir par-tout, près et loin [...][2]. »

● AMBASSADEURS À LA RECHERCHE DE RÉSIDENCE

À partir du milieu du XVIIe siècle, les principaux États européens disposent désormais, et en temps de paix, d'une représentation permanente à Paris. Cela dit, cette présence reste très fluctuante d'une année à l'autre : la représentation diplomatique parisienne est intimement liée aux relations de la France avec ses voisins, ainsi qu'à l'actualité politique des États. La République de Venise, la Toscane, l'Ordre de Malte, la Savoie, la République de Gênes, le duché de Parme, les principautés de l'Empire, les Électeurs de Brandebourg, de Bavière, du Palatin, de Saxe, du Brunswick-Hanovre, l'Angleterre, la Hollande, le Danemark, la Suède, l'Espagne, le Portugal, le Saint-Siège entretiennent généralement une ambassade permanente à Paris. En revanche, la Pologne, au XVIIe siècle, n'entretient pas d'envoyé permanent malgré l'importance de ses relations avec la France. L'implantation de la Russie est, quant à elle, assez tardive (pas avant la seconde moitié du XVIIIe siècle) et en temps ordinaire, sous l'Ancien Régime, ni l'Empire ottoman ni les Orientaux ne disposent encore d'une représentation permanente. Les ambassades extra-européennes sont encore le fait d'envoyés extraordinaires. Entretenir une ambassade à Paris coûte cher, ce qui empêche les princes peu fortunés de s'implanter de façon permanente. Avant 1814, aucun gouvernement n'était encore

Page 42 :
ITALIE,
hôtel de Boisgelin.
L'escalier, inspiré de l'escalier de la reine à Versailles et œuvre d'Henri Parent, est revêtu de marbres polychromes rythmés de pilastres aux chapiteaux en bronze doré, où sont enchâssées les trois tapisseries de l'histoire d'Esther, « Le refus de Mardochée », « L'évanouissement d'Esther » et « Le banquet d'Assuérus » (manufacture des Gobelins, 1740-1762, sur un dessin de Jean-François de Troy). Ces décors ont été créés pour les fêtes du vicomte Sosthène de La Rochefoucauld, duc de Bisaccia, à partir de 1864.

Ci-contre et ci-dessus :
ITALIE,
hôtel de Boisgelin.
· Façade sur jardin, détail d'un mascaron sculpté.
· Salle à manger. Sous un ciel de volutes de style baroque, une grande table cernée de quarante chaises en bois doré et ornées de personnages peints du théâtre italien, cinq doubles portes laquées d'un palais vénitien, quatre toiles de Francesco Guardi issues du palais Mocenigo de Venise, achèvent de créer en ce lieu une atmosphère digne des plus illustres palais de la cité des Doges.

Ci-contre :
ITALIE,
hôtel de Boisgelin.
· Le jardin de la résidence des ambassadeurs d'Italie est l'un des plus étendus de la capitale. Dans les abondantes frondaisons, le promeneur part à la rencontre de sculptures : une Diane chasseresse, un aigle aux ailes déployées…
· Le salon chinois. Dans cette ancienne chambre du cardinal de Boisgelin, les deux panneaux de chinoiseries sont d'origine piémontaise et le canapé XVIIIe provient du palais Donà delle Rose, à Venise.

3 Picavet (biblio.).
4 Bibliothèque nationale, MS.Fr.20.156.f°422.
5 Voir Dumolin (biblio.).
6 Veyrier et Christ (biblio.).
7 Courcel, « L'ambassade de Suède en France aux XVIIe et XVIIIe siècles » (biblio.).

propriétaire de l'immeuble de son ambassade. Pour soutenir les frais de représentation, la location d'un logis, un train de vie princier, distribuer des présents, les ambassadeurs disposent d'appointements conséquents mais ils doivent surtout compter sur leur fortune personnelle, critère essentiel de leur nomination. Il est encore d'usage, sous le règne de Louis XIV, que le roi se montre généreux pour les diplomates étrangers. Les nonces pouvaient recevoir jusqu'à 6 000 écus en vaisselle d'argent, et ils n'étaient pas les seuls à être ainsi soutenus dans leurs dépenses par la couronne de France, puisque le duc de Shrewsbury, en 1713, fut gratifié d'un portrait du roi et de « 60 000 livres de diamants[3] ». Se mettre en quête d'un domicile est donc la première mission, et non des plus simples, de l'envoyé d'un État nouvellement créé. Certains logent provisoirement dans des hôtelleries avant de trouver une résidence plus convenable à leur fonction. Cependant, si le suivi des affaires peut désormais être assuré, à chaque nomination correspond une nouvelle adresse et il n'est pas rare de voir un ambassadeur déménager plusieurs fois au cours de sa mission. Les almanachs, publiés chaque année depuis 1700, sont une source de première importance pour localiser chacun de ces déplacements. Ces précieux recueils recensent chacune des missions diplomatiques étrangères implantées à Paris, offrant ainsi un instantané de la vie politique européenne et de l'état des relations de la France avec ses voisins. Ils permettent de mettre en évidence les débuts très fluctuants de la topographie diplomatique parisienne et la difficulté d'une délimitation très nette des quartiers diplomatiques. Très tôt, néanmoins, certains lieux de prédilection tels que les faubourgs Saint-Germain et Saint-Honoré se démarquent, comme cela avait été le cas pour les résidences temporaires des ambassadeurs extraordinaires. D'autres lieux, tels que les alentours du palais du Louvre, l'île Saint-Louis, aujourd'hui totalement délaissés par les ambassades, ont été à certaines époques très prisés par les milieux diplomatiques. On a pu localiser de manière détaillée les représentants étrangers pour l'année 1662[4]. Les belles demeures situées sur l'ancien lotissement du palais de la reine Margot entre les quais Malaquais et Voltaire, mais aussi dans le quartier de Saint-Germain-des-Prés, furent occupées par de nombreux ambassadeurs entre les XVIIe et XVIIIe siècles[5]. Les puissances étrangères y trouvaient la proximité du pouvoir, des administrations, d'une société aristocratique, et des facilités de location, sans parler de la beauté du site en bordure de Seine. Il n'est pas rare qu'un ambassadeur de France, alors en poste à l'étranger, mette sa résidence à la disposition d'un représentant d'un pays ami. Des « hôtels meublés de luxe » pouvaient être aussi aménagés spécialement par la Couronne pour des missions temporaires, ou pris en location par des ambassades de longue durée déjà plus ou moins considérées comme permanentes. Avant 1630, l'hôtel de Garsalan situé sur le quai Malaquais (n° 7) fut occupé par l'ambassadeur d'Espagne Antonio de Soniga, marquis de Miravel, avant qu'il ne se transporte à quelques pas de là, dans l'ancien hôtel meublé de la reine Margot ou hôtel de Vassan (n° 6 de la rue de Seine). C'est là aussi que résidèrent, entre 1699 et 1701, les ambassadeurs extraordinaires des Provinces-Unies de Hollande, Heemskerk et d'Odik, comte de Nassau. L'Anglais

Isaac Wahe avait lui-même quitté l'hôtel de Châteauneuf (quai Malaquais, n° 5) pour ce même hôtel de Garsanlan[6]. Hugo de Groot, dit Grotius, y débuta sa mission avant de prendre en location l'hôtel de Cavoye, rue des Saint-Pères (n° 52) où il travailla à resserrer les liens entre la France et la Suède[7].

Sur le quai Malaquais (n° 9), l'hôtel de Hillerin, dit aussi hôtel d'Écosse, fut une ambassade impériale, lorsque le comte de Mansfeld y résida. Mansfeld était au dire de certains l'homme le plus fin d'Allemagne, pour d'autres il était l'ennemi le plus implacable de la France ! Un autre ambassadeur de l'Empereur, le comte de Sinzendorf, résida dans ce quartier entre 1699 et 1701 ; il louait un hôtel appartenant à la famille Boulleau, à l'angle du quai Voltaire (n° 1) et de la rue des Saints-Pères, une demeure qui existe toujours. Le prince russe Cantémir loua de 1740 à 1744 à la famille de La Tour d'Auvergne son hôtel de la rue Saint-Dominique (n° 28, actuel hôtel de La Rochefoucauld d'Estissac, aujourd'hui Maison de la chimie). Cet hôtel dit aussi de Caraman fut loué à plusieurs ambassadeurs et fut la propriété du comte de La Rochefoucauld, ambassadeur de France. En 1680, le comte de Morsztyn, ambassadeur de Pologne, s'installa dans l'hôtel de Falcony qui prit dès lors le nom d'hôtel de Morstin (21-23, quai Malaquais). Le marquis de Saint-Germain, ambassadeur du roi de Sardaigne, loua l'ancienne résidence du diplomate Michel Amelot de Gournay (dit aussi hôtel de Mortemart ou de Montmorency et qui s'ouvre aujourd'hui au 1, rue Saint-Dominique). Plusieurs de ses successeurs y résidèrent jusqu'à la constitution du royaume d'Italie. Œuvre de l'architecte Germain Boffrand, l'hôtel est

aujourd'hui occupé par l'ambassade du Paraguay. Les ambassadeurs de Hollande établirent également leurs domiciles dans le faubourg Saint-Germain. M. Van Riemsdijk, archiviste général du ministère néerlandais des Affaires étrangères des Pays-Bas, a retrouvé les adresses parisiennes de la plupart des envoyés plénipotentiaires hollandais. Ainsi, Pierre de Groot, fils du célèbre Grotius, résida rue de l'Université de 1670 à 1672. Mais du fait de la guerre, la Hollande n'entretenait pas à Paris d'ambassadeur ordinaire, et c'est pourquoi, entre 1689 et 1718, plusieurs envoyés extraordinaires séjournèrent rue de Seine, dans des hôtels meublés, sur l'ancien domaine de la reine Margot, parmi lesquels Van Heemskerck et Maurits van Nassau[8]. Pour marquer un événement particulier, une naissance, un mariage, la signature d'un traité, les ambassades rivalisaient d'ingéniosité et offraient des feux d'artifice, banquets, soirées costumées somptueuses. Sur l'autre rive de la Seine, l'ambassadeur de Savoie, le marquis de Ferrero, annonça la naissance du prince de Piémont par un feu d'artifice tiré du grand jardin de l'hôtel de Soissons[9] (voir *infra*, p. 54).

● CHAPELAINS, ESPIONS ET TRIPOTS DIPLOMATIQUES

Le principe de l'extra-territorialité[10] attribuée à l'ambassade s'est progressivement affirmé à mesure que s'est mise en place la pratique de l'ambassade permanente. Cette fiction juridique permet à la demeure de jouir de certains privilèges, et notamment celui de l'inviolabilité, dont profite aussi le personnel diplomatique : l'ambassade, en tant que territoire étranger, est soumise à la juridiction de son pays d'origine. Les franchises et le droit d'asile appliqués, en principe, aux hôtels diplomatiques et formulés dès le XVIIe siècle par les théoriciens Wicquefort[11], Puffendorf et Grotius, ont parfois créé des situations insolites. Si la diplomatie d'Ancien Régime fut démonstrative et parée de splendeurs dans ses entrées et réceptions, elle se fit aussi discrète et même secrète ; en de telles circonstances les murs n'ont point d'oreilles et seuls les cabinets des rois et les résidences de leurs

Ci-contre :
ALLEMAGNE, hôtel de Beauharnais, le salon de musique. Au mur, les muses Terpsichore, Uranie, Euterpe et Calliope, gracieuses et élancées, sont attribuées à Girodet (1767-1824). Au plafond, sont représentés des instruments de musique. Le motif du cygne, cher à la belle Hortense, fille de l'impératrice Joséphine, est également présent ici, délicatement peint en frise, dans un univers peuplé d'oiseaux.

Ci-dessous :
Réception par Louis XV enfant au Louvre, de l'ambassadeur de Hollande en 1719, estampe, 18 x 28 cm, châteaux de Versailles et de Trianon. Il s'agit de l'ambassadeur Cornelis Hop, qui avait son domicile au faubourg Saint-Honoré (1718-1725).

8 Voir Gorter (biblio.).
9 Voir *Le Mercure galant*, mai 1699.
10 Voir *infra* p. 122.
11 Voir Wicquefort (biblio.).

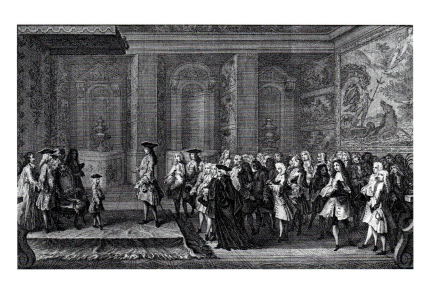

Ci-dessous :
ITALIE,
hôtel de Boisgelin.
· Bibliothèque du petit boudoir.
· Le théâtre sicilien, conçu par Adolfo Loewi, a été réalisé avec des boiseries en provenance de Palerme. Sur les parois des personnages de la commedia dell'arte, de la mythologie, des scènes de bataille, des compositions rocaille peuplées d'oiseaux délicatement peints dans des paysages, alternent avec des jeux de miroirs.

Ci-contre :
ALLEMAGNE,
hôtel de Beauharnais, détail de la chambre de la reine Hortense.

12 Driancourt-Girod (Janine), « La chapelle de l'ambassade de Suède à Paris », dans le catalogue de l'exposition « Le soleil et l'étoile du Nord », Grand Palais, 1994, p. 188.
13 Voir *Ibid.*
14 Cité par Alem (biblio.).

excellences sont les témoins de certaines rencontres. La première communauté luthérienne qui fit connaître son existence était rassemblée autour de la chapelle royale de l'ambassade de Suède. Autour du noyau primitif constitué d'ambassadeurs scandinaves et allemands, d'étudiants, d'officiers, d'artisans et de banquiers avec leur famille, des Suisses au service du roi se retrouvaient pour l'office divin du dimanche dans l'appartement du ministre de Suède, qui faisait salle comble. Ce sont, entre autres, les familles Oberkampf (imprimeurs sur toile qui fabriquaient la toile de Jouy), les joailliers Le Coultre, les négociants en vin Heidsieck. Cette paroisse originale, recommandée dans les guides pour les résidents ou les voyageurs de passage, était protégée par son privilège du droit des gens, et ne subit donc aucune entorse à sa liberté pendant les persécutions. En 1630, Louis XIII, par un acte secret signé de sa main, reconnaissait cette communauté[12]. Après la révocation de l'Édit de Nantes en 1685, les luthériens de Paris se réfugièrent dans les chapelles des ambassades de Suède, des Pays-Bas et d'Angleterre[13]. En effet, les chapelles des ambassades « protestantes » étaient devenues les seuls endroits où il était possible d'exercer le culte. Faubourg Saint-Honoré, à côté de la rue d'Anjou, dans les appartements de l'ambassadeur hollandais Cornelis Hop (1718-1725), l'affluence était telle, autour de 1720, que le chapelain de l'ambassade, Marcus Guitton, décida d'accueillir le trop-plein de fidèles dans la chapelle de son hôtel de la rue Vieille-du-Temple. De là peut-être naquit l'appellation usurpée d'« hôtel des ambassadeurs de Hollande » qui est restée attachée à l'hôtel Amelot de Bisseuil (47, rue Vieille-du-Temple), dont les belles

portes ornées de têtes de méduses ne furent sans doute pas celles d'une ambassade mais bien de son chapelain et de ses fidèles protestants français et hollandais.

Par ailleurs, il va sans dire que certains diplomates, depuis leurs résidences protégées par le privilège des immunités, menaient une politique active de renseignement. Le prestigieux Intelligence Service britannique résulte ainsi d'une longue tradition de l'espionnage. Érasme disait déjà d'Henri VIII qu'« il avait un scorpion sous chaque pierre ». Le plus célèbre de ces espions fut envoyé par les services secrets de la reine Elisabeth à Paris avec le titre d'ambassadeur : par deux fois, Walsingham est à Paris (1561, puis 1570-1573). Habilement, depuis sa résidence, il manœuvrait contre la grande armada espagnole. Il faut dire que le roi d'Espagne Philippe II s'était donné pour objectif la conquête de l'Angleterre et son retour à l'orthodoxie romaine… Les Italiens se distinguaient également par leur habileté et leurs intrigues. Et si tous les ambassadeurs italiens ne furent pas des espions, la plupart étaient au départ des agents bien informés tel que l'avait été Concini envoyé auprès de Marie de Médicis. La Prusse se démarquait aussi dans ce domaine : « J'ai trouvé, écrit le roi Frédéric, des ambassadeurs qui m'auraient servi sur les toits, et qui, pour découvrir un secret, auraient fouillé dans la poche d'un roi[14]. » Depuis son hôtel de la rue du Bac, Jean Le Chambrier, ministre du roi de Prusse (1722-1754), menait une paisible existence. En réalité, il n'était pas un diplomate ordinaire : de sa discrète demeure, il dirigeait un réseau très actif de renseignements. Son successeur, Von Kniphausen, s'intéressa particulièrement aux maîtresses du roi et tenta, après en avoir fait un rapport détaillé, d'acheter madame de Pompadour pour 500 000 écus, mais son projet n'aboutit pas et la favorite resta muette.

À la veille de la Révolution, les immunités eurent pour autre conséquence le développement des tripots diplomatiques dans les ambassades. Dans les années 1780, la reine ayant donné le ton à Versailles, les Parisiens succombèrent à la passion du jeu. Les joueurs, poursuivis par la justice depuis l'arrêt de 1777 interdisant « tous jeux de belle et de hasard », se replièrent dans les lieux les plus reculés. Certains ambassadeurs, pour subvenir à leurs besoins somptuaires, avaient recours à ces

Double-page précédente :
ALLEMAGNE,
hôtel de Beauharnais.
· Le salon de musique. Il ouvre sur la cour d'honneur. La petite porte donne accès au cabinet à la turque, et à la salle de bains du prince Eugène.
· Le salon rose. Aux motifs du plafond enchevêtrés de volutes et de frises ont été ajoutés les aigles et la couronne de l'Empire allemand (les seuls du palais), ainsi que les deux initiales F. R. (Fredericus Rex).

Ci-dessous :
Ancien hôtel de Soissons en 1658, bâti par Catherine de Médicis et construit par Jean Bullant, S. Israël, 1658, manuscrit, Paris, bibliothèque de l'Institut. Cette résidence luxueuse se situait sur l'emplacement de la Bourse du commerce. De Charles de Bourbon, comte de Soissons, l'hôtel passa à la famille de Savoie, qui en loua une partie à l'ambassadeur de Savoie en 1699.

Ci-contre :
ALLEMAGNE,
hôtel de Beauharnais, le boudoir à la turque. Sur la frise, se déroulent des scènes de hammam, prétexte à de délicats tableaux en miniature, où hommes et femmes se prêtent volontiers aux plaisirs des ablutions et à la détente précédant les prières rituelles.

15 Flammermont (biblio.).

fâcheux expédients et ouvraient chez eux des tripots publics. Les joueurs y affluaient. Le baron de Goltz, représentant diplomatique de Frédéric de Prusse (1778-1792), réputé pour ses dépenses sans commune mesure avec ses revenus, louait un hôtel somptueux. Ne souhaitant pas restreindre son train de vie alors que s'annonçait la tourmente révolutionnaire, il se plaignit de son traitement ordinaire et essaya d'amadouer son souverain, lui faisant part de ses « embarras domestiques ». Il n'eut pour d'autre réponse que celle-ci : « Je n'ai que deux mots à répondre sur vos jérémiades économiques et je ne saurais vous dissimuler que les paniers percés comme vous n'ont aucun secours extraordinaire à se promettre de ma part[15]. ». À défaut d'autres ressources, l'ambassadeur ouvrit une maison de jeux publics. Le ministre de Saxe, Schönfeld, apprenant la nouvelle, s'en désola. Outre le jeu, de Goltz était à la tête d'un réseau d'informations très étendu. Voulant connaître les réactions des Français suite à l'entrée de ses troupes en Bavière après la mort de l'Électeur, le grand Frédéric écrivait à son ministre : « Mettez en activité toutes vos mouches ! »

● LA NONCIATURE

Au Moyen Âge, la diplomatie européenne est encore essentiellement catholique. Dès le VIIIe siècle, le Saint-Siège accréditait des représentants auprès des différents royaumes d'Occident, mais les premiers légats du Saint-Siège étaient moins des ambassadeurs que des porteurs de messages. Déjà l'apocrisiaire, sorte de nonce très puissant avant la lettre, défendait les intérêts de l'Église auprès de la cour de Constantinople. La représentation permanente proprement dite du Saint-Siège fut plus lente à s'établir, et ce n'est qu'avec le temps que les légats devinrent permanents et qu'ils étendirent leurs pouvoirs. Ainsi, Guillaume de Champagne, légat permanent, assuma la régence de Philippe Auguste lorsque celui-ci partit en croisade. Aujourd'hui, un nonce apostolique est non seulement un ambassadeur permanent, mais il réside à Paris en tant qu'évêque auprès de l'Église locale et tient le rôle de représentant de la cité du Vatican auprès du

gouvernement français. La conférence de Vienne de 1961 lui confère la préséance sur tous les autres ambassadeurs étrangers. Le premier nonce permanent envoyé à Paris fut Stéfano Nardini, à la fin du XVe siècle[16]. Au milieu du XVIe siècle, la nonciature s'établit dans le Marais, rue Saint-Antoine, dans l'hôtel de La Rochepot (aujourd'hui détruit, il se situerait sur l'emplacement du lycée Charlemagne). Au siècle suivant, cette ambassade est dans l'hôtel des abbés de Cluny, tout près de la Sorbonne. C'est là aussi que réside en 1634 le nonce extraordinaire Giulio Mazarini, notre futur Premier ministre Mazarin. Si Saint-Simon dresse des portraits cruels des envoyés du Saint-Siège, le nonce Gualterio eut cependant le bon goût de lui plaire : l'ancien archevêque d'Athènes « mourait d'envie de venir à Paris […] il avait dressé ses batteries à Rome pour cela […] il avait infiniment d'esprit, et un esprit réglé, sensé, sage, prudent, mais gai et souple, beaucoup d'agrément et de douceur […] Il était tout français […][17] ». Gualterio s'installa dans l'hôtel de Tresmes situé place des Vosges (n° 24), demeure qu'il quittera par la suite, délaissant le Marais pour la proximité du Louvre. En octobre 1712, Bentivoglio faisait son entrée solennelle et prenait pour nonciature l'hôtel de Hesselin sur l'île Saint-Louis, quai de Béthune (n° 24) à l'angle de la rue Le Poulletier. Cet hôtel a aujourd'hui disparu mais une plaque apposée sur l'immeuble récent qui le remplace évoque le passage du diplomate. Saint-Simon détestait particulièrement ce nonce, « le plus dangereux fou, le plus séditieux et le plus débauché prêtre et le plus chien enragé qui soit venu d'Italie, peut-être même pendant la Ligue […] impétueux, violent, sans érudition, uniquement occupé du désir de parvenir au cardinalat […], il n'oubliait rien pour arriver à son but[18] ! ». Les nonces affectionnèrent particulièrement le faubourg Saint-Germain : ils furent une vingtaine à avoir élu ce quartier de Paris entre les XVIIe et XIXe siècles. Durini, accrédité en 1743 auprès de Louis XV, réside dans l'hôtel de Cavoye (52, rue des Saints-Pères), où avait déjà séjourné l'ambassadeur de Suède Hugo de Groot. Son successeur s'installe dans l'hôtel de Mortemart (14, rue Saint-Guillaume) et, à la veille de la Révolution, le nonce réside dans l'hôtel de Broglie (16, rue Saint-Dominique – actuel ministère de la Défense). Pendant la Révolution, il n'y eut pas rupture mais interruption des relations. À la fin de l'année 1790, le nonce Dugnani, « saisi d'effroi en voyant jeter dans son carrosse la tête d'un garde du corps, abandonna la capitale pour aller aux bains d'Aix en Savoie[19] ». Monseigneur Salamon fut dépêché aux Tuileries auprès de Louis XVI par le pape Pie VI, qui l'avait « comblé de ses faveurs[20] », en qualité d'internonce ; il traversa la Révolution sain et sauf malgré une vie rocambolesque et une accumulation de mésaventures racontées non sans humour dans ses mémoires[21].

16 Robert de Courcel a rassemblé les principaux éléments pour l'histoire de la nonciature à Paris dans *Nonces et nonciatures à Paris* (biblio.).
17 Saint-Simon, *Mémoires*, t. 5, chap. III, Chéruel, 1856.
18 *Ibid.*, t. 12, chap. IV.
19 Salamon (biblio.).
20 *Ibid.*
21 Il existe un portrait par Michele Loffredo ainsi qu'un autre portrait de Monseigneur de Salamon par J. B Bourgeois, tous deux conservés au musée Calvet à Avignon.

Le Concordat, signé dans la nuit du 15 juillet 1801, était considéré par Napoléon comme son œuvre personnelle. Peu après, le cardinal Caprara arriva à Paris pour veiller à sa négociation et à sa bonne application. Le consul fit preuve de la meilleure volonté pour cette réconciliation et prit un soin particulier à rendre agréable la venue de l'envoyé du Saint-Siège. Il mit à sa disposition l'hôtel de Montmorin (27, rue Oudinot – actuel ministère de la France d'outre-mer), qu'il fit somptueusement meubler. Par la suite, le cardinal lui préféra l'intimité de l'hôtel de Biron (79, rue de Varenne – actuel musée Rodin) où il mourut le 21 juin 1810. Giovanni Baptista, cardinal Caprara, comte de Monte Cucolli, légat du pape à Paris, est inhumé au Panthéon.

● LE PORTUGAL SUR L'ÎLE SAINT-LOUIS : RIBEIRA LE MAGNIFIQUE

En 1715, Paris ne compte que trois ambassadeurs résidents et permanents (Portugal, Sicile et République de Hollande), un plénipotentiaire, sept envoyés et deux secrétaires. L'ambassade du Portugal est alors l'une des plus fastueuses de la capitale. Au XVIIIe siècle, l'or et les matériaux précieux du Brésil coulaient à flot dans les caisses du Trésor de la péninsule et le roi Jean V auréolait de prestige sa nation par des constructions magnifiques à Lisbonne, sous l'impulsion de son génial architecte, le marquis de Pombal. Le roi du Portugal incitait par ailleurs sa famille, la Cour, ses ministres et ses ambassadeurs à dépenser, à mener grand train pour soutenir sa politique d'éclat et de

Ci-contre :
ALLEMAGNE, hôtel de Beauharnais, détail de la chambre de la reine Hortense. Le cygne y est omniprésent : sur les portes marquetées, les montants du baldaquin monumental, les accotoirs des fauteuils.

Ci-dessous :
La Pointe orientale de l'île Saint-Louis, avec l'hôtel de Bretonvilliers et l'hôtel Lambert, N.J.B. Raguenet, huile sur toile, 1757, Paris, musée Carnavalet. Le comte de Ribeira, ambassadeur du Portugal, séjourna en l'hôtel de Bretonvilliers à partir de 1715. Il y donna des fêtes restées célèbres et abondamment chroniquées par *Le Mercure galant*.

Ci-dessus :
Henri IV recevant l'ambassadeur d'Espagne, Ingres, 1817, huile sur toile, 39,5 x 50 cm, Paris, Petit Palais, musée des Beaux-Arts de la Ville de Paris. Aucun décor ni apparat pour la réception de l'ambassadeur, à l'exception du tableau de Raphaël, *La Vierge à la chaise*. Henri IV est ici saisi dans son intimité familiale.

Ci-contre :
ESPAGNE, hôtel Berthier de Wagram.
· Dans le passage distribuant les salons et la salle à manger, au mur, le tableau *Merienda de majos*, œuvre de Ramón Bayeu, beau-frère de Goya.
Dans le fond, le grand salon, avec un buste d'Alphonse XIII sur la cheminée.
· La chapelle. Le peintre-décorateur José María Sert (1874-1945) y a laissé une esquisse de la déposition de croix de la cathédrale de Vich, son grand-œuvre. Sur l'autel de grisaille d'or et de terre d'ombre brûlée, une Vierge de Covadonga, originaire d'un monastère des Asturies.

22 *Le Nouveau Mercure galant*, août 1715.
23 Tallemant des Réaux (Gédéon), *Historiettes*, éd. Antoine Adam, Gallimard, « Bibliothèque de la Pléiade », 1960.
24 *Le Nouveau Mercure galant*, août 1715.
25 Cet hôtel, qui fut construit en 1705, est devenu le célèbre hôtel Ritz, fondé en 1898 par César Ritz.

magnificence. Le comte de Ribeira, depuis Paris, répond à la politique de son souverain en qualité d'ambassadeur extraordinaire (1713-1721). Son entrée solennelle du 18 août 1715 avait annoncé sa présence avec éclat[22]. Il installa son ambassade dans l'hôtel de Bretonvilliers, situé sur la pointe orientale de l'île Saint-Louis, quai de Béthune. Cet hôtel avait été construit dans les années 1640 par Jacques Androuet du Cerceau pour Claude Le Ragois, seigneur de Bretonvilliers. Vouet, Mignard, Poussin, Bourdon, Monnoyer l'avaient décoré. Il fut partiellement démoli en 1840 et il n'en reste aujourd'hui plus rien. Lorsque Ribeira y installe son ambassade, l'hôtel de Bretonvilliers faisait l'admiration de ses contemporains et les guides parisiens vantaient la beauté de son jardin à la française, la richesse des collections d'œuvres rares accumulées, et donnaient une description enthousiaste de la disposition des appartements, de la décoration et de l'ameublement. Sa façade principale regardait le levant, une aile secondaire était parallèle à la Seine ; entre elles deux, un beau jardin avec bassins et jets d'eau s'étalait sur les deux rives du confluent de la Seine, endroit que Tallemant des Réaux trouvait « le mieux situé du monde après la pointe du Sérail[23] ». Un chroniqueur du *Mercure galant*, présent à l'une des réceptions données le mercredi par l'ambassadeur, rapporte que l'hôtel de Bretonvilliers « est l'un des plus beaux palais de cette ville [...] Son étendue permettait de loger un seigneur et toute sa suite. La richesse des meubles, des dorures, sculptures, marbres, bronzes, glaces y brillent de tous côtés. Les pièces les plus curieuses sont les trumeaux de la salle basse qui sont remplis d'excellentes copies que le célèbre Mignard a faites sur des originaux de Raphaël d'Urbin ; vient ensuite la galerie du premier appartement qui est peinte entièrement par Bourdon. Les autres pièces étaient enrichies d'une incroyable collection de tableaux. [...] En montant, on entre à droite dans un appartement de quatre grandes pièces dont la première est tendue d'une tapisserie en haute lice qui représente l'histoire de Joseph. La pièce suivante est ornée d'un original de Raphaël qui a pour sujet les travaux d'Hercule[24] ». Le comte de Ribeira agrémenta lui-même son hôtel de riches tapisseries et de mobilier. Le *Mercure galant* offre aussi au lecteur « la description du bal qui a donné lieu à cet abrégé des richesses du lieu ». La terrasse était éclairée de flambeaux de cire blanche. Les trompettes, les timbales, les hautbois et plusieurs joueurs de différents instruments y montèrent « animés de la bonne chair et des liqueurs dont ils avaient amplement humecté leurs entrailles et commencèrent à entonner des chants d'allégresse afin d'annoncer à toute la ville la magnificence de cette fête ». Une flottille de bateaux tira des feux d'artifice que les invités admirèrent groupés sur la terrasse.
Au XVIIIe siècle, Jean V, qui savait s'entourer d'hommes habiles et dévoués, délégua à Paris le subtil don Luiz de Cunha. Depuis Paris, cet ami de Pombal (qui avait entrepris la reconstruction complète de Lisbonne à partir de 1755) adressait au roi Jean de

sages mais cyniques conseils. Par la suite, le comte de Vincento de Souza de Continho, dont la grande affaire de sa vie avait été son mariage avec la comtesse de Flahaut (qui avait quitté Talleyrand pour le rejoindre), étendit sa mission à Paris sur plus de trente ans, pendant lesquels l'ambassade changea plusieurs fois de résidence. Il loua, fort cher, l'hôtel de la duchesse de Gramont[25], place Vendôme (actuel hôtel Ritz), puis dans les années 1780, plus modestement, un immeuble de la rue Basse du Rempart (entre les actuels boulevards des Capucines et de la Madeleine). Richissime, il réglait rubis sur l'ongle les fameuses douceurs que Talleyrand prélevait comme tribut régulier aux ambassadeurs étrangers pour arrondir ses revenus. Le comte de Souza était un homme de culture qui traduisit en français les œuvres de Camoëns, publiées et illustrées dans de belles éditions à Paris. En 1789, la légation du Portugal est rue Caumartin, puis elle sous-loue à Auguste d'Arenberg, comte de La Marck l'hôtel de Charost (39, rue du Faubourg-Saint-Honoré – actuelle ambassade d'Angleterre) ; lui-même a accepté en 1785 de payer une rente annuelle de 14 000 livres pendant neuf ans au duc de Charost. L'ambassadeur du Portugal n'y restera que très peu de temps : le 8 mai 1792, un mois à peine après son installation, il décède, dans sa chambre de l'hôtel de Charost, laissant au secrétaire d'ambassade, Dos Santos Branco, le soin de régler ses affaires, et notamment de démêler une succession financière difficile. Ce dernier maintiendra la légation rue du Faubourg-Saint-Honoré jusqu'à la suspension des relations diplomatiques entre la France et le Portugal.

Ci-dessous :
Feu d'artifice tiré de l'ambassade d'Espagne le 21 janvier 1782, à l'occasion de la naissance du duc de Normandie, P.A. Demachy (1723-1807), huile sur toile marouflée sur bois, Paris, musée Carnavalet.
L'ambassade d'Espagne était alors située sur la place Louis XV (actuelle place de la Concorde), dans l'un des immeubles édifiés par Gabriel (actuel hôtel Crillon).

Ci-contre :
ESPAGNE,
hôtel Berthier de Wagram, détail d'un chenet de la cheminée du grand salon.

26 *Le Mercure galant*, 1722.
27 Saint-Simon, *Mémoires*, t. 18, chap. XV, *op. cit.*
28 Sneyers (biblio.).

L'AMBASSADE D'ESPAGNE

L'ambassade d'Espagne, si elle n'est pas la plus anciennement implantée à Paris, se démarque très tôt par l'activité de ses représentants. Alors que Paris sort à peine des massacres de la Saint-Barthélemy, Mendoza ouvre sa résidence aux ligueurs, catholiques soutenus par le roi Henri III auxquels s'était ralliée l'Espagne, bien décidé à lutter contre le parti des protestants aux côtés du duc de Guise. Pendant le siège de la capitale et les furieux affrontements dont elle fut le théâtre, Mendoza alimente les ligueurs en vivres et en informations venues d'Espagne, au détriment des politiques unis aux huguenots. Le duc de Feria lui succèdera auprès de Henri IV. Les résidences de l'ambassade d'Espagne sous l'Ancien Régime furent des plus agréables. On vit ainsi Antonio de Soniga, marquis de Miravel, louer en 1631 l'hôtel de Garsanlan, sur le quai Malaquais (n° 7). Il s'agissait d'un hôtel alors récemment construit et propriété de Jacques de Garsanlan, secrétaire et résident du roi de Pologne, qui le loua à plusieurs reprises à des ambassadeurs étrangers. L'ambassadeur se transporta ensuite à deux pas de là dans le bel hôtel de Vassan, rue de Seine (n° 6), où résidèrent de nombreux ambassadeurs extraordinaires et ordinaires. Cet hôtel, dit aussi « hôtel de la reine Marguerite », faisait partie de l'ancien domaine dispersé de la reine Margot. De 1703 à 1711, la résidence d'Espagne occupait un hôtel qui avait été élevé pour le président Talon, marquis de Boulay. Aujourd'hui disparu, le grand hôtel de Talon se situait entre la rue de Grenelle et la rue du Bac. En février 1703, pour célébrer le retour de son roi à

Madrid, le marquis de Los Balbasès offrit une fête splendide en son hôtel de la rue du Bac. La demeure aux belles proportions ne suffit pourtant pas à contenir tous les invités et l'ambassadeur dut en donner une seconde. Ces réjouissances données par les ambassadeurs d'Espagne défrayaient la chronique du *Mercure Galant* et avaient la réputation d'être somptueuses. Pour marquer la naissance du prince des Asturies, le duc d'Albe donna également des fêtes splendides dans cet hôtel, sorte de château dans toutes les règles de l'architecture. De ses balcons illuminés de flambeaux de cire blanche s'échappaient des sonneries de trompettes et de timbales, « aussi fort qu'un grand bruit de guerre[26] ». Le duc mourut en 1711 dans sa résidence parisienne. À la mort de Louis XIV, en 1715, l'ambassade du prince de Cellamare eut pour instruction secrète d'écarter le duc d'Orléans de la Régence. La conspiration découverte, les papiers de Cellamare furent saisis en dépit du principe d'inviolabilité des immeubles diplomatiques. L'Espagnol dut quitter Paris le 13 décembre 1718, jour où tous les ministres étrangers allaient au Palais-Royal. Le duc Ossone arriva le 29 octobre 1721 à Paris. Tout le temps de sa mission, il fut logé et défrayé magnifiquement avec toute sa nombreuse suite à l'hôtel des Ambassadeurs extraordinaires. « Il donna aussi de belles illuminations et des feux d'artifice dont la beauté, la nouveauté et la durée effaça de bien loin tous les nôtres[27] », rapporte Saint-Simon. En mars 1722, l'ambassadeur faisait tirer de son hôtel un feu d'artifice en l'honneur de l'arrivée de l'infante. Il avait également fait préparer une mise en scène composée d'une flottille sur la Seine, en face du palais du Louvre.

•• L'ESPAGNE EN L'HÔTEL DE SOYECOURT

Personnalité diplomatique importante, Abarca de Bolea, comte d'Aranda, envoyé de Charles III, arrivait à Paris en septembre 1773. L'éminent politique bénéficiait de la part de son gouvernement d'importants appointements grâce auxquels il s'empressa de résilier la location de son prédécesseur, et signa un bail avec le marquis de Maison, en 1775, pour son élégant hôtel de la rue de l'Université, l'ancien hôtel de Soyécourt[28]. Celui-ci avait déjà été loué par Starhemberg, ambassadeur de l'Empe-

Ci-contre :
**GRANDE-
BRETAGNE**,
palais Borghèse,
la « Duff Cooper Library »,
dédiée aux amateurs de livres,
comme le précise l'inscription
latine de la frise : « Cooper
fit don de cette pièce pour
l'accueil silencieux et amical
de ses livres (...) Lis ! Ami,
et sois le bienvenu. » Préservé
comme un musée, le bureau-
bibliothèque est encore utilisé
par l'ambassadeur, lorsqu'il
n'est pas à l'hôtel Pereire,
la chancellerie. Le décor
des années 1940 est le fruit
d'une collaboration entre
Charles de Beistegui, Georges
Geoffroy, Christian Bérard
et le commanditaire
et ambassadeur Duff Cooper.

29 Voir l'*Almanach royal*, 1785
– l'ambassade est alors
à l'hôtel de Soyecourt.
30 Voir Baillou (biblio.) ;
Clarke (R.), *Sir William Trumble
in Paris, 1685-86*, Cambridge,
1938 ; Anderson (L.), *The British
Embassy in Paris, 1714-1763, History
to day*, vol. XXI, 1971.

reur, puis par le comte de Fuentès, résident d'Espagne. Édifié par Lassurance en 1707, il comporte toujours un grand portail encadré de deux colonnes doriques et ouvrant sur une vaste cour au fond de laquelle se trouve le bâtiment d'habitation, avec un avant-corps en saillie, orné de quatre pilastres soutenant un fronton triangulaire. Les salons possèdent encore les décors de Ledoux. La France et l'Espagne vivaient alors dans la meilleure intelligence depuis la signature du pacte de famille par lequel les trois branches régnantes de la maison de Bourbon s'étaient soudées contre la menace grandissante de l'Angleterre et de la Prusse protestante. Pacte qui fit de l'ambassade d'Aranda une véritable ambassade de famille. Charles III se rangea aux côtés de Louis XVI pour la défense des « insurgeants » des colonies d'Amérique et contre l'Angleterre, son ennemie. Certains soirs, la porte cochère de l'hôtel de Soyecourt s'entrouvrait pour livrer passage à une ombre mystérieuse enveloppée dans un long manteau sombre. Beaumarchais, l'auteur des *Noces de Figaro*, tenait alors le rôle d'acteur paradiplomatique pour une société de pacotille et de contrebande destinée à fournir en armes et en vêtements les insurgés, et qui venait chercher la protection de l'ambassade d'Espagne... Aranda fut quelques années et temporairement locataire place Louis XV[29] (actuelle place de la Concorde) ; c'est de là qu'il fit tirer un feu d'artifice en l'honneur de la naissance du duc de Normandie, le 21 janvier 1782. Le comte de Fernán Núñez, français par sa mère née Rohan-Chabot, succède finalement à Aranda dans l'hôtel de Soyecourt en octobre 1787. La reine, à l'annonce de cette nomination, se réjouit : « Le roi d'Espagne ne nous envoie pas un ambassadeur mais un ami. » Très vite, le nouvel ambassadeur bénéficie de grandes et de petites entrées à la cour. L'ami se révèle fidèle dans les moments les plus critiques que traverse la famille royale à partir des journées d'octobre 1789. Malgré tous les dangers que cela peut comporter, il prend soin de faire parvenir par-delà les Pyrénées les lettres de Marie-Antoinette adressées depuis sa prison du Temple pour obtenir l'aide de son parent, le roi d'Espagne. Jusqu'au dernier moment l'ambassadeur tentera d'aider la famille royale et toute une correspondance secrète est conservée à Madrid. Après avoir pris soin de faire passer clandestinement toute la correspondance diplomatique de l'ambassade hors de France, Fernán Núñez s'engouffre dans une berline de voyage, chargée de bagages et d'archives, qui doit le reconduire à Madrid où Charles III a décidé de le rappeler. L'hôtel de Soyecourt cessera alors d'être l'ambassade d'Espagne.

● L'AMBASSADE D'ANGLETERRE

L'ambassadeur d'Angleterre accrédité auprès de Henri IV résidait dans l'hôtel de La Trémoille situé rue Saint-Honoré. Isaac Wahe s'installa sur le quai Malaquais, tout d'abord dans l'hôtel de Châteauneuf (n° 5) puis, à partir de 1631, dans l'hôtel de Garsanlan (n° 7) qu'il loua 30 000 livres par an. Deux des représentants de la cour d'Angleterre auprès de Louis XIV, l'ambassadeur William Trumbull et le poète burlesque et lyrique Matthew Prior, ont laissé des mémoires permettant de suivre le déroulement de leurs missions[30]. Horace

Walpole, ambassadeur de 1724 à 1730, préféra louer l'hôtel d'Avaray (actuelle résidence des ambassadeurs des Pays-Bas) rue de Grenelle, puis à partir de 1727 l'hôtel de Villeroy (78, rue de Varenne). Le duc d'Albemarle loua l'hôtel d'Auvergne (28, rue Saint-Dominique) et le duc de Bedford résida ensuite dans l'hôtel de Grimbergen (87, rue de Grenelle — actuel hôtel de Bauffremont). Ce dernier hôtel semble avoir retenu la faveur des Anglais, puisqu'on y vit le comte de Rochford ainsi que lord Harcourt dans la seconde moitié du XVIIIe siècle. Peu avant que ne soit signé le traité de Paris qui déclare l'indépendance des États-Unis, le représentant anglais est rue Jacob (n° 56). Au moment où éclate la Révolution, lord Gowen installe la résidence d'Angleterre dans l'hôtel de Monaco, rue Saint-Dominique (actuelle ambassade de Pologne). En 1802, lord Whitworth, qui avait récemment été nommé premier ambassadeur de Grande-Bretagne et présenté ses lettres de créance à Napoléon, louait à la veuve du duc de Charost sa maison de la rue du Faubourg-Saint-Honoré. Il s'y installa le 1er mars 1803, mais n'y resta que quelques mois. Au cours d'une scène pénible qui eut lieu aux Tuileries, il fut désagréablement surpris par la violente attitude de Napoléon, et la question de Malte acheva la rupture des relations entre les deux pays. L'ambassadeur fut rappelé à Londres quelques jours plus tard, et l'Angleterre déclarait la guerre à la France. Pauline Borghèse, la jeune sœur de Napoléon, fit aussitôt l'acquisition de l'hôtel qui devint l'un des foyers de la cour impérial. Les caprices de l'histoire rendront l'hôtel de Béthune-Charost, ou palais Borghèse, à l'Angleterre.

31 Courcel, « L'ambassade de Suède en France aux XVIIe et XVIIIe siècles » (biblio.).
32 Veyrier et Christ (biblio.).
33 Courcel, « L'ambassade d'Autriche à Paris » (biblio.).

L'AMBASSADE DE SUÈDE

Hugo de Groot, plus connu sous son nom latinisé de Grotius, devait représenter, en qualité d'ambassadeur ordinaire, la reine Christine de Suède auprès du roi de France pendant une dizaine d'années, entre 1635 et 1645. Proscrit de son pays d'origine, la Hollande, pour des raisons confessionnelles, il s'était réfugié en Suède où il avait su gagner la confiance de la reine. En 1621, il avait d'abord trouvé refuge à Paris. Pendant ce premier séjour – il devait y rester jusqu'en 1631 –, le docte Grotius avait entrepris la rédaction d'une œuvre qui le classe parmi les maîtres du droit international : *Sur les lois de la guerre et de la paix*, publiée à Paris et dédiée à Louis XIII. C'est dans le bourg Saint-Germain qu'il avait choisi de prendre un logis : une vaste maison située rue Condé. Lorsqu'il revint en 1635 pour représenter la reine Christine, Grotius séjourna dans l'hôtel de Garsanlan (7, quai Malaquais), qu'il prit à bail pour trois ans. Il y donna l'hospitalité au chancelier Oxenstiern, venu signer un traité avec le cardinal de Richelieu destiné à unir les deux pays. À partir de 1641 et jusqu'en 1645, le ministre Hugo de Groot, fidèle au faubourg Saint-Germain, travailla à resserrer les liens entre la France et la Suède dans l'hôtel de Cavoye (52, rue des Saints-Pères), tout près de l'actuelle École de médecine. Après son départ, l'hôtel fut loué jusqu'en 1753 par le nonce Francesco Durini, archevêque de Rhodes, au comte de Pons. Les missions diplomatiques suédoises des XVIIe et XVIIIe siècles, faisant suite à celle de Grotius, ont fait l'objet d'un article très détaillé de Robert de Courcel permettant de les suivre dans leurs différents déplacements parisiens[31]. En 1783, le baron de Staël, dernier ambassadeur de Suède avant la Révolution, accompagné de son épouse et efficace collaboratrice Germaine de Staël, fille de l'opulent Necker, futur ministre de Louis XVI, louèrent l'hôtel de La Tour du Pin (à l'angle de la rue du Bac et de la rue de Varenne – un hôtel aujourd'hui disparu, autrefois contigu à l'hôtel de Galliffet). L'un des collaborateurs de l'ambassade de Suède n'était autre que le comte de Fersen. Pendant la Révolution, Madame de Staël cacha de nombreux émigrés et dut quitter Paris quelques temps. Elle fut ensuite tolérée compte tenu de la situation de son mari, mais le Directoire la fit surveiller de très près en raison de ses relations avec les princes[32].

L'AMBASSADE D'AUTRICHE

Robert de Courcel[33] nous aide, ici encore, à retracer l'itinéraire des ambassadeurs d'Autriche à Paris, lesquels ont occupé les plus prestigieux hôtels particuliers du faubourg Saint-Germain. Au début du XVIe siècle, les disputes continuelles entre la France et le Saint Empire romain germanique réduisirent les relations diplomati-

Ci-contre et ci-dessous :
GRANDE-BRETAGNE, palais Borghèse.
· Escalier d'honneur, détail de la rampe en fer forgé d'époque Louis XV. Avec ses bronzes ciselés et dorés, ses motifs de feuilles d'acanthe et de soleil, il reste le plus bel élément décoratif d'origine de l'hôtel. Il est l'œuvre d'Antoine Hallé (XVIIIe siècle).
· Véranda en fer à cheval construite sur les plans de l'architecte Visconti, à la demande de lady Granville, dans les années 1825.
· Depuis le bow-window, le jardin se présente comme le prolongement harmonieux de la résidence. Les massifs multicolores sont à l'opposé des parterres géométriques à la française, tels qu'on les retrouve alignés sur le plan de Turgot, à l'arrière des hôtels du faubourg Saint-Honoré. Une sculpture d'Henry Moore, *Figure allongée* (1979), orne le jardin depuis 1989.

ques à quelques missions déléguées par intermittence. En juin 1519, Philibert Naturelli échangeait le titre de résident ordinaire d'Espagne à Paris pour celui de résident de l'Empereur : Charles d'Autriche, déjà roi d'Espagne, venait d'acquérir par élection la couronne impériale sous le nom de Charles-Quint. La guerre de Trente Ans rompit les relations entre la France et l'Empire, lesquelles ne seront pas rétablies aussitôt après les traités de Westphalie (1648) qui, pourtant, mettaient un terme à ces hostilités. Après une brève réconciliation, la guerre de Hollande brouillait à nouveau l'empereur et la France : ce n'est qu'après le traité de Nimègue (1679) qu'un envoyé est dépêché à Versailles. Il s'agissait du comte de Mansfeld, cet ennemi implacable de la France soupçonné d'avoir tenté d'empoisonner la reine d'Espagne, Marie-Louise d'Orléans, et qui établit sa résidence quai Malaquais (actuel n° 9, à l'angle de rue Bonaparte) dans l'hôtel de Hillerin ou « hôtel d'Écosse » situé sur les terrains de l'ancien lotissement de la reine Margot. La trêve de quelques années établie entre la paix de Ryswick et les débuts de la guerre de Succession d'Espagne correspond aux missions de Binder et de Sinzendorf. Les relations ne reprirent pas avant le règlement du traité de Rastatt (1714). Depuis le règne de Charles-Quint, seuls des envoyés extraordinaires avaient été dépêchés à Paris. L'établissement d'une ambassade permanente et la remise des lettres de créance, en 1716, par Königsegg, chanoine, militaire et diplomate, témoignent d'une nouvelle orientation de la politique européenne et d'une atmosphère de détente. Saint-Simon ne manqua pas de composer une esquisse de ce personnage : « Königsegg emporta la réputation d'un homme sage et poli et qui servait bien son maître, sans avoir ce rebut de fierté et de roguerie de presque tous les impériaux [...][34]. » La Succession d'Autriche (1741-1748) brouille à nouveau les deux puissances. Si la France ne se considérait pas vraiment en guerre contre l'Autriche,

Ci-contre :
ÉTATS-UNIS, hôtel de Talleyrand (ancien consulat). Une récente campagne de restauration, achevée au printemps 2009 et financée par les États-Unis, propriétaires des lieux, a permis l'embellissement de l'hôtel, et notamment du plafond de l'escalier d'honneur peint par Jean-Simon Berthélemy (1745-1811). Sous cette voûte éminente s'illustrèrent les plus grands diplomates, à commencer par Talleyrand aux côtés des vainqueurs de l'Empire, ou, bien plus tard, les administrateurs du plan Marshall.

Ci-dessous :
Entrée de son Excellence M. le comte de Kaunitz-Rietberg, ambassadeur de l'Empereur et de l'Impératrice, reine de Hongrie et de Pologne, faite à Paris le 17 septembre 1752, la traversée du Pont-Neuf, Eyssen et Schlechter, 1754, estampe, BNF, coll. Hennin.

34 Cité par Courcel, *ibid.*

Ci-contre :
ÉTATS-UNIS,
hôtel de Pontalba.
Le salon Louis XVI, avec ses boiseries étrusques installées par la baronne de Pontalba dans l'esprit du décor des hôtels particuliers de la rue Royale, sert parfois de salle à manger particulière ou pour des réceptions à caractère plus confidentiel.

elle entretenait néanmoins des relations ambiguës avec elle : à la mort de Charles VI, elle ne reconnaissait pas officiellement la succession de l'archiduchesse Marie-Thérèse sur tous les États de la maison d'Autriche, allant même jusqu'à soutenir l'électeur de Bavière lorsqu'il se fit élire empereur à Francfort, sous le nom de Charles VII. À Paris, l'ancien ministre de l'électeur de Bavière, le comte de Grimbergen, fut alors revêtu du titre d'ambassadeur extraordinaire au service de l'empereur. Il séjourna rue de Grenelle (n° 87) dans un hôtel qui porta son nom avant de devenir l'hôtel de Bauffremont, lequel abritera l'ambassade d'Autriche, au siècle suivant. Lorsque la guerre de Succession prit fin, Marie-Thérèse souhaita se rapprocher de la France afin de consolider ses positions en Allemagne. Le comte de Kaunitz-Rietberg, l'un des plus grands diplomates du XVIIIe siècle, était chargé par l'impératrice, reine de Hongrie et de Bohème d'accomplir ses desseins. En octobre 1750, cet homme élégant et courtois était à Paris, et fit son entrée solennelle le 17 septembre 1752. Souhaitant donner de l'éclat à sa représentation, il séjourna au Palais-Bourbon pour un loyer annuel de 25 000 livres, une somme jugée exorbitante par ses contemporains. Cette somptueuse demeure, édifiée pour la duchesse de Bourbon, avait à peine vingt ans et se situait alors bien au-delà du centre de Paris, à la limite de la campagne. Kaunitz y menait un grand train de vie – « 120 personnes logées et nourries chez moi, et plus de 50 chevaux[35] », disait-il. Si l'alliance franco-autrichienne n'était pas tout à fait conclue à son départ, du moins le terrain était-il bien préparé. Le comte de Starhemberg, qui avait appris le métier de diplomate à ses côtés, lui succéda en 1756 en qualité d'ambassadeur, et conclut l'alliance franco-autrichienne. Ce dernier loua, à partir de 1758, l'hôtel de Soyecourt, qui fut aussi occupé par l'ambassade d'Espagne. Le comte de Mercy-Argenteau, fils spirituel de Kaunitz, fut le troisième, dernier et irremplaçable artisan de l'alliance. Sa mission fut l'une des plus longues de l'histoire de la représentation diplomatique à Paris, et s'étendit de 1766 à 1790. Il exerça en réalité deux fonctions : il fut l'ambassadeur de l'Empire auprès de la Cour de France autant que l'informateur secret de l'impératrice Marie-Thérèse *via* sa fille, la reine Marie-Antoinette, dont il fut le confident. Il loua le Petit Luxembourg (aujourd'hui la résidence du président du Sénat) fort cher, où il menait un train de vie fastueux, et où il offrit en 1770 un bal gigantesque en l'honneur du mariage du dauphin et de Marie-Antoinette, aboutissement de toute sa politique. Ce jour-là, « il est rentré chez moi plus de six mille masques[36] », raconte-t-il. C'est là que descendit *incognito* l'empereur Joseph II, sous la fausse identité de comte de Falkenstein. Très attaché à la France, Mercy d'Argenteau acquit la jouissance à vie d'un hôtel qui porte toujours son nom (16, boulevard Montmartre) dans le nouveau et luxueux quartier de la Chaussée d'Antin, où il s'établit à partir de 1778. En octobre 1790, il expédiait d'urgence les archives de l'ambassade par voie de Seine jusqu'à Bruxelles où il s'était replié, laissant la gérance de ses dossiers à Paris à un chargé d'affaires. Deux ans plus tard, la France et l'Autriche se déclaraient en guerre ; l'alliance, si patiemment conquise par les trois grands diplomates Kaunitz, Starhemberg et Mercy-Argenteau, était brisée.

35 *Ibid.*
36 *Ibid.*
37 Voir « La première légation des États-Unis en France… » (biblio.).

● LES AMBASSADEURS DU NOUVEAU MONDE : DEANE, FRANKLIN ET JEFFERSON À PARIS

C'est dans le courant de l'année 1776 qu'arrivent à Paris les premiers représentants des États-Unis d'Amérique. Ils sont trois : Silas Deane, Arthur Lee et Benjamin Franklin. Deane arrive le premier et s'établit dans un hôtel sans doute très modeste : l'hôtel du Grand-Villard, rue Saint-Guillaume. La diplomatie française s'intéresse au nouvel État et Vergennes, chargé du département des Affaires étrangères, organise tout de suite un système discret lui permettant de correspondre avec Deane et d'envoyer aux États-Unis des munitions, des uniformes, des armes et autres provisions nécessaires à la poursuite de la guerre. Beaumarchais est la cheville ouvrière de l'entreprise. Pour exercer ses nouvelles missions, Deane doit s'agrandir et s'installe à l'hôtel d'Entragues, rue de l'Université (aujourd'hui détruit, il occupait l'emplacement du 8, rue de l'Université). Il s'agit d'un hôtel meublé luxueux loué pas moins de 400 à 500 livres par mois. L'Américain y tient table ouverte et y reçoit ses compatriotes de passage[37]. Benjamin Franklin arrive en France à l'automne 1776. Sur un conseil de Vergennes, le premier ambassadeur du Nouveau Monde installe, au printemps 1777, sa résidence dans un logis du village de Passy, l'hôtel de Valentinois (64-70, rue Raynouard) qu'il loue jusqu'en 1785 à un riche financier, intendant des Invalides, Monsieur de Chaumont. Situé sur l'une des plus anciennes rues du village de Passy empruntée depuis l'époque gallo-romaine, l'hôtel est une résidence des plus agréables : une vaste maison, avec deux pavillons et des dépendances nombreuses, un très grand jardin et une terrasse dominant la Seine. À l'heure où la France donne le ton par sa beauté et son élégance, Franklin règne sur la diplomatie européenne en chef d'orchestre. Le célèbre physicien fait ses premiers essais de paratonnerre dans le jardin de l'hôtel de Valentinois, tandis que le maître de cœur de la cour de Versailles diffuse depuis son logis de Passy l'enthousiasme et le charme rafraîchissant d'une nouvelle civilisation. Si Passy reste plutôt le quartier général de la diplomatie, les négociations économiques se jouent à Paris, place de la Concorde où Deane loue également un bel appartement dans le récent bâti-

ment construit en face de l'hôtel du Garde-Meuble, l'hôtel du comte de Coislin. Il est alors plus naturel, pour préparer le traité d'alliance entre la France et les États-Unis, de se retrouver au cœur de Paris. Fin décembre 1777, Louis XVI se déclare favorable à la reconnaissance américaine. Le 6 février 1778, à l'hôtel de Coislin, Conrad-Alexandre Gérard de Rayneval pour la France, Franklin et Deane pour les États-Unis signent deux traités : le premier d'amitié et de commerce, le second d'alliance. Après le départ de Deane pour les Amériques, Franklin et ses successeurs n'ont pas souhaité conserver son appartement. Ce dernier partage la façade sur la place de la Concorde avec l'hôtel de Crillon, appelé aussi hôtel des Ambassadeurs en souvenir du jour mémorable où la France y reconnut les États-Unis comme nation souveraine et indépendante. Les ambassadeurs américains ne reviendront place de la Concorde qu'en 1933, lors de la reconstruction de la nouvelle chancellerie. Entre 1784 et 1785, le futur président John Adams s'établit à Auteuil dans l'élégant hôtel des Demoiselles de Verrières avec sa famille dont son fils John Quincy Adams, futur sixième président des États-Unis. Appelée également hôtel Antier, la résidence de l'ambassadeur était considérée comme l'un des joyaux d'Auteuil (très restaurée aujourd'hui, la demeure est le siège du CNRS au 43-47, rue d'Auteuil). Le 3 septembre 1783, le traité de Paris reconnaissant l'indépendance des treize colonies des États-Unis est signé au Ier étage de l'« hôtel d'York » situé 56, rue Jacob. Benjamin Franklin, John Jay et John Adams sont les commissaires du Congrès ; David Hartley et Richard Oswald représentent le roi d'Angleterre. David Hartley résidait dans cette maison, et c'est sans doute pour cette raison que l'hôtel d'York fut choisi pour accueillir cet événement. Le traité fut ensuite ratifié à Annapolis par le

Ci-contre :
ÉTATS-UNIS,
hôtel de Pontalba.
Les panneaux de laques du salon Pontalba, conçu au XVIIIe siècle, ornaient jadis l'hôtel du Maine, puis avaient été placés ici par la baronne de Pontalba. Vendus par la suite, ils ont été retrouvés et réintégrés en 2001.

Ci-dessous :
Passy et Chaillot, vus de Grenelle, C.L. Grevenbroeck, huile sur toile, Paris, musée Carnavalet. De gauche à droite, le château de Passy, l'hôtel de Lamballe (actuelle résidence de l'ambassadeur de Turquie) et les deux pavillons de l'hôtel de Valentinois. Ce dernier, aujourd'hui disparu, fut la résidence du premier ambassadeur des États-Unis, Benjamin Franklin, à partir de 1777.

Congrès. Alors qu'il mettait fin à la guerre entre la métropole et ses colonies, le même jour, à Versailles, des traités de paix étaient signés, entre la France et l'Angleterre, et entre l'Angleterre et l'Espagne. Franklin, très mêlé à la vie politique, aristocratique et scientifique parisienne, servit la cause américaine en permanence. À l'annonce de sa mort, en avril 1790, un deuil national de trois jours fut décrété en France et un éloge funèbre prononcé par Mirabeau à l'Assemblée nationale. Pendant plusieurs jours, un mausolée fut installé au café Procope, où Franklin fréquentait les cercles de philosophes et où il aurait entamé la rédaction des articles de la Constitution américaine[38]. Thomas Jefferson, premier ambassadeur permanent (1785-1789) après l'indépendance, succède à Benjamin Franklin, et loue l'hôtel de Langeac, situé à l'angle des Champs-Élysées et de la rue de Berry (la demeure fut entièrement détruite en 1842). Le ministre plénipotentiaire y résidera d'octobre 1785 à septembre 1789. C'est là qu'il reçoit ses amis et invités parmi lesquels La Fayette, Condorcet, La Rochefoucauld-Liancourt, Du Pont de Nemours, Chastellux. Ici également séjourne le peintre américain John Trumbull. L'hôtel de Langeac devient alors le centre de la vie américaine à Paris. Passionné d'agronomie, Jefferson y fait planter les pieds de vigne qu'il avait ramenés d'un voyage en Rhénanie. Témoin des premiers événements de la Révolution française, il quitte Paris au mois de novembre 1789 ; de retour aux États-Unis, Jefferson fait revenir tous les meubles et objets d'art qu'il a accumulés dans l'hôtel[39].

38 *Un Américain à Paris, 1776-1785*, catalogue d'exposition, musée Carnavalet, Paris, 2007.
39 Fohlen (Claude), *Thomas Jefferson*, Nancy, Presses universitaires de Nancy, 1992.
40 Flammermont (biblio.).

DANS LA TOURMENTE RÉVOLUTIONNAIRE

Au milieu du XVIIIe siècle, Paris embelli par les architectes du Grand Siècle des plus beaux édifices, de jardins, de fontaines et aéré par des places aux nobles lignes et des rues moins sombres, attire toujours une plus grande affluence d'étrangers. La ville acquiert un prestige inégalé. Comme les salons littéraires, les ambassades jouent un rôle de fermentation et de diffusion d'idées nouvelles. La capitale est le théâtre d'événements déterminants pour l'avenir de la scène internationale. En 1763, le traité de Paris met fin à la guerre de Trente Ans. En 1783, l'Angleterre y reconnaît l'indépendance des États-Unis d'Amérique. Dans les ambassades se côtoient les plus grands noms, les personnalités les plus imposantes de la diplomatie, non plus simplement européenne depuis l'irruption au premier plan des États-Unis d'Amérique sur la scène diplomatique. Les puissances étrangères, bien qu'encore locataires, disposent de résidences prestigieuses. À la veille de la Révolution, la société diplomatique parisienne compte des hommes remarquables[40] dont Caracciolo, Aranda ou Stormont, et Paris abrite vingt-neuf missions diplomatiques. Dès les années 1780, de nombreux diplomates étrangers avaient établi leur résidence dans un quartier en pleine effervescence et déjà élu par la haute finance : la Chaussée d'Antin. En 1787, le baron de Grimm, ministre de Saxe-Gotha, en choisissant ce quartier, s'était rapproché des ministres autrichien, napolitain, hollandais, danois, prussien, wurtembergeois, mecklembourgeois, portugais, de l'envoyé du prince-évêque de Bâle, de l'envoyé de la religion

De gauche à droite :
ÉTATS-UNIS, hôtel de Talleyrand.
· Salon oval. Détail des panneaux provenant du pavillon de Madame du Barry à Louveciennes (XVIIIe siècle), placés ici dans les années 1860-1870 par Alphonse de Rothschild. Ces boiseries ont été sculptées par Métivier et Feuillet et préservées par les États-Unis grâce à l'importante campagne de restauration de l'hôtel de Talleyrand (alors consulat des États-Unis) menée entre 2000 et 2009.
· Détail d'un plafond.
· La suite de salons surplombant les jardins des Tuileries, le long de la rue de Rivoli.
· *Benjamin Franklin à la Cour de France*, G. W. Overend, XIXe siècle, Blérancourt, musée national de la Coopération franco-américaine.

Ci-contre :
POLOGNE,
hôtel de Monaco.
Un escalier droit monumental, d'une seule volée et orné de flambeaux de bronze permet d'accéder au premier étage où s'étend l'enfilade des salons de réception. La destinée diplomatique de l'hôtel de Monaco commence en 1790, lorsqu'il est loué par l'ambassadeur d'Angleterre. L'hôtel est ensuite utilisé par le Directoire en 1796 pour y loger Esseid Ali Effendi, premier ambassadeur de la Porte Ottomane à Paris, avant d'être affecté à son successeur Mohamed Said Halet Effendi. Sous l'Empire, le maréchal Davout, prince d'Eckmühl, gouverneur de Varsovie, le loue à l'ambassadeur du Portugal, le marquis de Marialva. A. Apponyi, ambassadeur d'Autriche, y réside à partir de 1826.

41 Contamines (biblio.).
42 Flammermont (biblio.), dépêches du comte de Salmour, ministre de Saxe, 25 juillet 1789.
43 *Ibid.*
44 *Ibid.*
45 Herbette, *Une ambassade turque sous le Directoire* (biblio.).

de Malte (le bailli de Suffren). En tout, près des trois quarts des missions et légations se trouvaient à proximité les unes des autres et le vrai périmètre diplomatique se situait alors entre la porte Saint-Martin à l'est, le faubourg Saint-Honoré à l'ouest et la place Louis XV, rebaptisée depuis place de la Concorde[41]. En 1789, l'envoyé du roi des Deux-Siciles réside rue Saint-Honoré dans l'hôtel de Poyanne (sur l'emplacement du 41, rue du Faubourg-Saint-Honoré – il fut démoli en 1842 et remplacé par l'hôtel de Pontalba, actuelle résidence de l'ambassadeur des États-Unis). L'émeute révolutionnaire, que laissaient pressentir les ministres étrangers dans leurs dépêches plusieurs mois auparavant, éclate à Paris au printemps 1789 après l'échec de la réunion des États généraux. Les ambassadeurs suivent ces mouvements de l'histoire avec effroi. Toute l'Europe frissonne et perçoit l'ambiance parisienne à travers leurs dépêches. Voici ce que rapporte Salmour, le ministre de l'électeur de Saxe, à son souverain : « Paris est d'un vide affreux [...] et l'on a l'air d'occuper une ville démantelée [...] la terreur peinte sur tous les visages ; la méfiance dans tous les cœurs ; nulle distinction d'état, ni de rang, un roi sans cour, sans armée ; un château sans garde, ouvert à tous venants ; un peuple armé audacieux, ivre de ses succès, capable de tout entreprendre, n'ayant confiance en personne, n'obéissant à rien : voilà le tableau fidèle de notre position particulière et l'état à peu près de tout le royaume[42]. » Dans le désarroi général du 6 octobre – jour de l'audience des ambassadeurs à Versailles –, le ministre de Saxe, qui avait eu grand-peine à gagner Versailles, s'étonne : « On nous avait oubliés parfaitement[43] ! ». Quant aux ambassadeurs de Sardaigne, Suède et Malte, ils ne purent atteindre le château et leurs voitures furent percées de plusieurs balles, tout comme celle du ministre de Russie. Depuis Paris, la route était encombrée de Parisiens qui allaient « jouir de leur victoire » en brandissant des piques coiffées de têtes humaines. L'Espagnol et le Napolitain ne parvinrent même pas à quitter la capitale. Arrêtés au village du Point-du-Jour, le nonce et le ministre de Gênes qui l'accompagnait reçurent « en guise de bouquet[44] » des têtes coupées. À la suite de la déclaration de guerre de juin 1792, tous les souverains qui ne soutenaient pas la Révolution rappelèrent leurs ministres. La France s'était mise à dos presque toute l'Europe. Après 1793, le personnel diplomatique étranger se réduisit plus encore. Seul le Danemark maintint des relations diplomatiques avec la France pendant la Révolution.

● RÉTABLISSEMENT DU CÉRÉMONIAL
● SOUS LE DIRECTOIRE

Après la réaction thermidorienne, les relations diplomatiques reprirent lentement, plus encore lorsque la politique de paix du Directoire l'emporta sur la guerre révolutionnaire et lorsque fut annoncée la fin de la diplomatie à coups de canon. Le retour à des relations plus normales avec les différentes puissances étrangères ramena une pratique des usages du cérémonial. Cependant, en août 1794, le ministre des États-Unis James Monroe se trouva fort embarrassé, car il n'y avait plus d'introducteur des ambassadeurs pour le conduire. Il remit ses lettres de créance dans la salle de séance de la Convention au milieu des applaudissements des représentants du peuple, mais le cérémonial s'était réduit à un

échange de lettres et de discours. En 1795, lorsque le baron de Staël arrivait comme ambassadeur de Suède, le Comité de salut public venait juste de rétablir un semblant de cérémonial dont il reçut le premier les honneurs. Les Directeurs s'établirent au palais du Luxembourg où le ministre des Affaires étrangères recevait tous les envoyés étrangers, au cours d'une même et seule audience.

•• AMBASSADEUR SOUS SURVEILLANCE

Sensible, comme tout jeune gouvernement au prestige extérieur, le Directoire rompit avec une tradition séculaire qui n'avait accordé le logement à titre gracieux qu'aux ambassadeurs extraordinaires, et défraya pendant cinq années Esseid Ali Effendi, le premier ambassadeur permanent de l'Empire ottoman[45]. L'hôtel de Monaco, situé rue Saint-Dominique, lui fut attribué (arrêt du 12 avril 1797). L'attention louable des Directeurs n'était néanmoins pas dénuée d'arrière-pensées : comme au Moyen Âge, accorder une demeure aux diplomates permettait de les maintenir près de soi. De construction récente, cette maison construite par Brongniart disposait de beaux appartements somptueusement décorés, de l'agrément d'un site à proximité de l'esplanade des Invalides, d'un superbe jardin dessiné à la française, flanqué de bosquets, de sculptures et de pièces d'eau. Pour répondre à la surveillance souhaitée par le gouvernement, un portier fut désigné aux frais de la République. En revanche, pour limiter les dépenses, il fut décidé que le jardinier serait à la charge de l'Effendi et que ni voitures, ni chevaux, ni batteries de cuisines, ni linge, ni argenterie ne lui seraient mis à disposition. Il ne fut pas question non plus de lui fournir maître d'hôtel ou palefreniers. Si l'ambassadeur déclencha une véritable turcomanie auprès des salons parisiens et des créateurs de mode, il ne fut pas pour autant un diplomate heureux. Sa mission n'atteignit pas son but – resserrer les liens entre la France et la Turquie et son départ correspondit à la déclaration des hostilités. Esseid Ali fut le dernier d'une époque où la France accordait la grâce du logement aux ministres étrangers. La Révolution et les guerres de l'Empire avaient définitivement tourné une page. En 1814, une autre s'ouvrait avec la première acquisition d'un hôtel particulier par une puissance étrangère.

L'ÈRE DES CONQUÊTES DIPLOMATIQUES

Au XIXe siècle jusqu'au début du XXe, Paris ne cesse de se transformer, se structure et s'embellit. En 1814, dans un tournant irréversible pour l'histoire du logement diplomatique, l'Angleterre est désormais propriétaire de l'hôtel de Charost, suivie de près dans cette démarche par l'Allemagne, qui acquiert l'hôtel de Beauharnais. Le ton est donné. La pratique de l'ambassade permanente se généralise et les États s'établissent un à un de façon définitive. Dans un grand mouvement ininterrompu, les États font l'acquisition d'hôtels particuliers classiques ou de palais Belle Époque. Le Tout-Paris cosmopolite du second Empire se retrouve dans les salons des ambassades. L'Amérique latine, la Chine et le Japon ouvrent leurs premières légations à Paris.

En 1789, le ministère de Affaires étrangères quitte définitivement Versailles pour s'installer à Paris. En mai 1795, le ministère des Relations extérieures s'établit au cœur du faubourg Saint-Germain, dans la « maison Galliffet » (73, rue de Grenelle) séquestrée comme bien de la nation, « afin de ranimer ce quartier et de donner de la valeur aux superbes édifices que la nation y possède[1] ». Il y restera pendant presque trente ans, au service de trois régimes successifs – le Consulat, l'Empire et la Restauration. Pour les ambassadeurs étrangers prend fin le temps des incessants va-et-vient entre Paris et Versailles. L'hôtel de Galliffet sera finalement rendu en 1822 à son ancien propriétaire, contraignant le ministère à s'établir pour quelques temps boulevard des Capucines, dans l'hôtel des Colonnades. Le retour de la diplomatie faubourg Saint-Germain sera consacré par l'inauguration en 1853 du nouveau bâtiment des Affaires étrangères en bordure de Seine, désigné depuis par une métonymie familière et logique : le Quai d'Orsay. Le premier Empire, pour asseoir sa légitimité, remit à l'honneur un cérémonial pompeux et instaura la fonction de « chef du protocole ». La Restauration ramena un cérémonial d'Ancien Régime, tout en le modernisant avec la création du « bureau du protocole » rassemblant toutes les anciennes charges, celles d'introducteur, de maîtres des cérémonies et de chef du service du protocole. Napoléon III, prince-président, remettra en fonction la charge d'introducteur des ambassadeurs.

En 1806, le Saint Empire romain germanique disparaît lors de la formation de la Confédération du Rhin. Les relations diplomatiques reprennent entre la France impériale et le nouvel empire d'Autriche. Les deux plus grands diplomates européens se retrouvent face à face à Paris : Talleyrand, ministre des Affaires étrangères, qui voit dans l'alliance avec l'Autriche la pierre angulaire de l'équilibre européen, et le prince Clément de Metternich, ambassadeur d'Autriche nouvellement arrivé à Paris. L'ambassade de Metternich correspond à la phase la plus brillante de l'Empire et à ses premiers craquements ; elle fut un temps installée dans un hôtel de la rue de la Grange-Batelière (actuelle rue Drouot). Metternich avait gagné la confiance de Talleyrand et se rendait souvent à l'hôtel de Galliffet. Lors de la reprise des hostilités, il quitte précipitamment la France, en avril 1809. Il revient comme ambassadeur extraordinaire pour le mariage de l'Empereur avec Marie-Louise, le 2 avril 1810. Son successeur, le prince de Schwartzenberg, réside rue du Mont-Blanc, dans l'ancien hôtel de Montesson (aujourd'hui 40, rue de la Chaussée d'Antin). La résidence d'Autriche fut partiellement détruite lors du terrible incendie qui s'était déclaré au cours d'un bal offert par l'ambassadeur dans la nuit du 1er juillet 1810 en l'honneur de Napoléon et de l'archiduchesse Marie-Louise d'Autriche, fille de son souverain. C'est à la suite de ce tragique événement, au cours duquel périt entre autres Pauline Schwartzenberg, née d'Aremberg, et dont l'ambassadeur de Russie, Alexandre Kourakine fut un rescapé miraculeux, que le bataillon des sapeurs-pompiers de Paris fut créé par Napoléon[2]. Le destin diplomatique de l'hôtel de Saint-Florentin, place de la Concorde, momentanément rebaptisée place Louis XV, débuta aux premières heures de la Restauration, lorsque son illustre propriétaire, un diplomate de génie, le prince de Talleyrand-Périgord, accorda l'hospitalité aux

[1] Chastenet (J.), « Le département des Affaires étrangères », *Les Annales, revue mensuelle des lettres françaises*, n° 153, juillet 1963.
[2] Graselier (L.), *Société d'histoire de l'archéologie des XVIIIe et IXe arrondissements, 1813-1818*, p. 263-295.

vainqueurs de l'Ogre de Corse. C'était le 31 mars 1814, les troupes prussiennes, britanniques, russes et autrichiennes conduites par le tsar Alexandre et le roi de Prusse Frédéric-Guillaume III étaient entrées triomphalement depuis les boulevards extérieurs jusqu'à la place de la Concorde. Talleyrand, qui souhaitait rester maître de la situation, proposa à Alexandre et à son brillant état-major de se réunir dans son hôtel de la rue de Rivoli et les accueillit par ces mots : « Votre Majesté remporte peut-être en ce moment son plus beau triomphe ; elle fait de la maison d'un diplomate un temple de paix. » Les deux battants de la porte du grand salon du premier étage s'ouvrirent alors pour accueillir avec solennité Frédéric-Guillaume III, Schwarzemberg, Nesselrode, Pozzo di Borgo et le prince de Liechtenstein qui se réunirent en assemblée autour du tsar afin de délibérer sur le sort qu'ils destinaient à Paris.

Page 76 :
BELGIQUE,
hôtel de La Marck.
Le salon chinois, orné de quatre panneaux du peintre et ornemaniste Jean-Baptiste Huet (1745-1811).

Ci-dessous :
ALLEMAGNE.
Signature de l'acte d'achat de l'hôtel de Beauharnais, le 6 février 1818, par le roi de Prusse, Frédéric-Guillaume III, au prince Eugène de Beauharnais.

● PREMIERS ACHATS : LE PALAIS BORGHÈSE
● ET L'HÔTEL DE BEAUHARNAIS

Après l'entrée des Alliés dans la capitale, les événements se précipitent et l'on assiste à une redistribution des cartes dans le jeu de la localisation des pouvoirs. C'est la ruée des souverains vainqueurs vers les demeures délaissées par la famille impériale. L'empereur de Russie réside au palais de l'Élysée, le roi de Prusse dans l'hôtel du prince Eugène, l'empereur d'Autriche au palais Borghèse. Pour la première fois dans l'histoire du logement des ambassadeurs à Paris, un État allait être propriétaire de l'immeuble de son ambassade. Alors que Pauline Borghèse,

la jeune sœur de Napoléon, consciente du danger, fuyait Paris pour Naples, l'empereur d'Autriche François était conduit à l'hôtel de Béthune-Charost ou « palais Borghèse », délaissé par sa propriétaire et où il séjournera quelques temps. Depuis sa retraite italienne, Pauline, dont les finances étaient au plus bas, cherchait à vendre sa demeure parisienne. Le représentant de Sa Majesté britannique, le duc de Wellington, accepta l'affaire et l'acte d'achat du palais Borghèse était signé le 24 octobre 1814. La vente fut faite avec tous les meubles et objets garnissant l'hôtel, à l'exception de la collection de tableaux du prince Camille Borghèse. Avec cette acquisition, l'Angleterre inaugurait une nouvelle pratique suivie désormais par toutes les puissances étrangères. D'importants travaux furent réalisés pendant la Restauration, sous la conduite de l'architecte Visconti et de l'ambassadeur lord Granville. C'est à l'époque de lord Cowley, frère du duc de Wellington, et dont le fils fut lui-même ambassadeur à Paris auprès de Napoléon III, que fut réalisé par un ébéniste de Bond Street le trône toujours en place actuellement. Avec la Révolution de 1848, les difficultés s'accumulèrent au début de la mission de lord Normanby. L'ambassadeur, sa famille et le personnel étaient des plus vulnérables. En tant que représentant d'une nation qui donnait refuge à un roi en fuite, Louis-Philippe ne pouvait se fier qu'aux « solides portes et au droit des gens[3] ». Le second lord Cowley revit de fond en comble les aménagements de l'ambassade dans le goût d'un château victorien et d'un palais du second Empire, et fit sculpter aux frontons des façades les armes royales des îles Britanniques. Dès la fin du XIXe siècle, l'ambassade d'Angleterre devint l'archétype de la résidence diplomatique : dans sa fonction de représentation, de lieu de vie diplomatique, mais aussi dans son souci de protection, d'enrichissement des collections et d'embellissement. Elle donnera le ton à toutes les autres.
Après le Congrès de Vienne, Frédéric-Guillaume III, qui avait résidé dans l'ancienne demeure d'Eugène de Beauharnais, la prit officiellement en location pour la légation. Il décida d'en faire l'acquisition sur sa cassette personnelle et confia cette affaire à son envoyé Heinrich van der Goltz — ce dernier restera en poste jusqu'en 1822. Le 6 février 1818, après plus d'une année de négociation, le prince Eugène, en exil à Munich chez son beau-père le roi Max-Joseph de Bavière, cédait sa résidence au roi de Prusse, qui l'affectait définitivement à sa légation parisienne. Dans l'acte de vente, la décoration intérieure — peintures murales, sols de marbre, cheminées incrustées de mosaïque — était estimée séparément et pour un montant équivalent à l'ensemble des bâtiments ! Entre 1824 et 1860, l'architecte parisien originaire de Cologne, Hittorff, dirigea les travaux de remise en état et de transformation de l'hôtel. Des personnages historiques résidèrent à l'hôtel de Beauharnais lors

Ci-contre et ci-dessous :
ALLEMAGNE,
hôtel de Beauharnais.
· Le grand salon des Quatre Saisons offre le plus remarquable ensemble décoratif des premières années de l'Empire. Au plafond, les emblèmes favoris de l'empereur Napoléon : aigles, Victoires ailées, thyrses et lauriers, sur fond blanc et or. Les Quatre Saisons, attribuées à Proudhon, se font face deux à deux, entre les miroirs reflétant à l'infini les lustres. Ici, la figure de l'Été, brandissant sa torche de feu.
· Détail du salon de musique.

3 Friedman (J.), *British Embassy, Paris : History of a House 1725-1985*, recueil de recherches inédit, 4 vol., 1985.

4 Leben et Ebeling (biblio.).
5 Voir *Une ambassade sous la Restauration, d'après les mémoires du comte R. Apponyi, attaché de l'ambassade d'Autriche Hongrie à Paris*, Paris, Plon, 1913.
6 *Ibid.*
7 Hübner (biblio.).
8 Metternich (P.), 1922 et 1924 (biblio.).
9 *Ibid.*
10 Agstner (biblio.).

de leurs séjours parisiens : ainsi, Karl-Friedrich Schinkel, Leo von Klenze, Bismarck (ambassadeur en 1862), Richard Wagner ou encore le roi Louis II de Bavière et la mère de Guillaume II. À la naissance de l'Empire allemand, en 1871, l'hôtel devint le siège de son ambassade, fonction qu'il conserva jusqu'à la fin de la Seconde Guerre mondiale[4]. En 1944, la résidence d'Allemagne sera confisquée et affectée par la France à certains services du ministère des Affaires étrangères puis classée monument historique en 1951. En vertu d'une loi du 20 juillet 1961, l'hôtel sera rétrocédé à la République fédérale d'Allemagne le 26 mars 1962.

L'Angleterre et la Prusse, par leurs acquisitions et implantations définitives, allaient donner un nouvel essor à deux pôles diplomatiques parisiens : le faubourg Saint-Honoré et le faubourg Saint-Germain. Essor qui ne s'est d'ailleurs pas démenti depuis plus de deux siècles.

● AMBASSADE D'AUTRICHE : L'ÂGE D'OR DES SALONS DIPLOMATIQUES DU FAUBOURG SAINT-GERMAIN

Le 5 février 1826, deux chaises de poste entrent dans Paris par la porte Saint-Denis pour se diriger vers le faubourg Saint-Germain. Il s'agit du comte Antoine Apponyi, de sa famille et de son cousin Rodolphe, secrétaire d'ambassade[5]. Nommé auprès de Charles X, sa mission s'étendit sur un quart de siècle, jusqu'en 1848. L'hôtel de l'ambassade fut au départ celui qu'avait occupé le prince Esterhazy, ambassadeur impérial à Londres. Mais cette installation était provisoire, et la famille Apponyi s'établit ensuite à l'hôtel de Monaco (57, rue Saint-Dominique), dans « le plus beau palais de Paris[6] », que la veuve du maréchal Davout lui avait consenti en location (une partie seulement dite « le grand hôtel »). La résidence devient rapidement le rendez-vous le plus animé et le plus galant des dernières années de la Restauration et de la monarchie de Juillet. L'ambassade y met à la mode les déjeuners dansants, calqués sur la pratique viennoise. Depuis la terrasse et les jardins dominant l'esplanade des Invalides, on y entend des airs de Rossini, Tamburini, Rubini, Liszt et Chopin. La Malibran, considérée par Chopin comme la meilleure cantatrice de son temps, y chante ; on y écoute les meilleurs pianistes du temps, dont Kalkbrenner et Liszt. À partir de 1838, les Apponyi déménagent pour l'hôtel du Châtelet (aujourd'hui ministère du Travail), rue de Grenelle, la maréchale Davout ayant finalement vendu l'hôtel de Monaco au richissime banquier anglais William Hope. À l'hôtel du

Châtelet, les salons de l'ambassade sont alors un véritable bastion légitimiste. Ce qui n'empêche pas Apponyi de conserver les faveurs de Louis-Philippe, conquis par sa sympathie et son ouverture. Les soirs de grandes réceptions, les calèches s'entrechoquent depuis la place Louis XV et déposent les invités dans la cour d'honneur, au bas des marches du perron. Apponyi les reçoit au pied d'un amoncellement de plantes vertes, étincelant dans son costume magyar. Le comte de Hübner lui succède en 1849 et transfère l'ambassade dans l'hôtel de Bauffremont, rue de Grenelle (n° 87) où il restera jusqu'en 1859. Son journal laisse présager une guerre imminente : « La guerre, la guerre avec l'Autriche, voilà le sujet de conversation exclusif des salons, des clubs, des cafés, des casernes[7][…]. »

Le 14 décembre 1859, à la suite du traité de Zurich qui mettait fin à la guerre, le prince Richard de Metternich, fils de Clément de Metternich, présente en latin ses lettres de créance à l'empereur Napoléon III. Richard avait épousé sa nièce, Pauline de Metternich. Aussi vive que spirituelle, Pauline fut une ambassadrice hors pair aux côtés de son mari. « Plus parisienne que la rue de Richelieu[8] », elle avait conquis la cour des Tuileries, jusqu'à établir une connivence très forte avec le couple impérial. Le rayonnement de l'ambassade était alors remarquable : en familier des lieux, Johann Strauss donnait des concerts et égayait par ses cadences et son entrain inimitable les invités de l'hôtel de Bauffremont puis de l'hôtel de Rothelin-Charolais (actuel ministère de l'Immigration au 101, rue de Grenelle) où s'étaient établis en 1861 les Metternich. Débordante d'enthousiasme pour Wagner, Pauline tenta de lancer le musicien à Paris, mais sans succès. Elle regrettait que les Parisiens ne soient pas encore prêts à recevoir les visions grandioses et romanesques de son protégé et se désola du sort réservé à son premier concert : « Ce fut un fiasco de toute première classe[9] ! »

● L'HÔTEL DE MATIGNON À L'HEURE VIENNOISE

En 1889, le gouvernement d'Autriche-Hongrie est propriétaire pour la première fois de son ambassade à la suite de l'application d'un legs consenti par la duchesse de Galliera de son hôtel en faveur de l'empereur François-Joseph et de son ambassade impériale et royale à Paris[10]. Cet hôtel n'était autre que l'hôtel Matignon, propriété du duc de Galliera depuis 1852. Le 7 août 1889, l'ambassade d'Autriche-Hongrie s'installe donc au 57, rue de Varenne. Elle y restera pendant près de vingt-cinq ans. Le comte de Hoyos inaugure brillamment la nouvelle destinée autrichienne de l'hôtel Matignon par un dîner de gala offert en l'honneur du président Sadi Carnot. Dernières lueurs d'une époque bientôt révolue : depuis le tournant du siècle jusqu'à la veille du conflit mondial, l'ambassade reçoit superbement et entretient le jardin qui, avec ses deux hectares et demi, est l'un des plus vastes de Paris. Mais en 1919, le premier conflit mondial ayant opposé les deux nations, l'hôtel Matignon est classé « bien ennemi » et la mise sous séquestre de l'ambassade d'Autriche est effectuée à la suite de la dissolution de l'empire des Habsbourg et en application des traités de Saint-Germain et de Trianon. Après maintes tractations, la France en rede-

Ci-contre :
Pauline et Richard de Metternich, A.A.E. Disdéri, carte de visite, 1862, 10,5 x 6,1 cm (carte), 8,5 x 5,2 cm (épreuve), tirage d'après un négatif sur verre au collodion, BNF. Pauline de Metternich au côté de son époux, l'ambassadeur d'Autriche auprès de Napoléon III. Le couple résida rue de Grenelle, à l'hôtel de Bauffremont, puis à l'hôtel de Rothelin-Charolais.

Ci-dessous et ci-contre :
RUSSIE,
hôtel d'Estrées.
· Détail d'une pièce d'un surtout de table monumental. De nombreuses pièces d'orfèvrerie, progressivement accumulées par l'ambassade, ornent les cheminées et consoles : pendules d'orfèvres parisiens, chenets, candélabres et bras de lumières.
· Une allée du jardin.
· Petite salle à manger. Sous une vitrine, une collection d'assiettes décorées d'après des contes de Pouchkine. Dans la marqueterie de la table ronde sont insérées des assiettes de porcelaine.

11 Contet (biblio.).
12 Gallet (M.), *Les Architectes parisiens du XVIIIe siècle*, Paris, Mengès, 1995.

vient propriétaire le 21 novembre 1922. Gaston Doumergue, alerté par les risques encourus par l'hôtel Matignon, procéda à son classement et à son affectation à la présidence du Conseil. Détail curieux : dans les jardins de l'hôtel Matignon, résidence du Premier ministre, les chiens des ambassadeurs austro-hongrois reposent, ensevelis sous d'abondantes frondaisons[11].

● PÉRÉGRINATIONS PARISIENNES DES AMBASSADEURS DE RUSSIE

Les relations régulières entre la France et la Russie ne s'établirent qu'au début du XVIIIe siècle et il n'y eut pas à Paris de continuité de représentation du tsar avant la première moitié du XIXe siècle. La mission du prince Cantémir s'étendit sur quatre ans (1740-1744). Dans les termes, il s'agissait d'une mission temporaire, dans les faits d'une mission permanente. Il loua alors l'hôtel de Caraman, rue Saint-Dominique (n° 28), hôtel bien connu des ambassadeurs étrangers et où il résida tout le temps de son ambassade. Malgré l'importance politique de certaines missions, il est bien difficile de retrouver trace des résidences diplomatiques russes dans les dernières années de l'Ancien Régime. La Russie de Pierre le Grand et de Catherine II accrédite notamment les princes Dolgorouki (1720), Kourakine (1722) et Galitzine (1761). Le prince Bariatinski réside rue de Choiseul lorsqu'il est chargé d'organiser en 1778 la visite du prince du Nord, futur Paul Ier. Alexandre Kourakine, ministre d'État de Russie, sérieusement brûlé lors de l'incendie de l'ambassade d'Autriche, le 1er juillet 1810, resta entre la vie et la mort pendant plusieurs

mois. Affaibli, il décida de quitter l'ancien hôtel Thélusson et loua l'hôtel de Biron (actuel musée Rodin), rue de Varenne, tout à côté de la plaine des Invalides dont l'air bienfaisant devait favoriser sa convalescence. Il prit par la suite une maison de campagne à Suresnes. Après la signature du traité de paix de Tilsitt, Kourakine avait été envoyé à Paris par l'empereur Alexandre, où il devait rester quatre années. Il ne quitta Paris qu'en mai 1812, lorsque la guerre entre la France et la Russie était finalement décidée et après que tous les moyens de conciliation furent épuisés. Après l'Empire, les fluctuations des relations franco-russes ne permettent pas à l'ambassade du tsar à Paris de prendre une importance comparable aux ambassades d'Angleterre et d'Autriche, malgré la longévité de la mission de son représentant, Pozzo di Borgo. Ce Corse d'origine, après avoir siégé au traité de Vienne et pris part aux destinées de la France lors de la rencontre de l'hôtel Saint-Florentin, avait été nommé par le tsar ambassadeur auprès de Louis XVIII. Cet adversaire farouche des idées révolutionnaires et ennemi juré de Napoléon, avec qui il avait mené une redoutable vendetta, resta plus de vingt-cinq ans à Paris ; son brusque rappel par le tsar en 1834 pour le nommer à Londres, fut pour lui un véritable déchirement. Pozzo di Borgo s'était établi tantôt Chaussée d'Antin, tantôt près des Champs-Élysées. En 1830, l'ambassade de Russie domine la place de la Concorde, du haut des terrasses de l'hôtel Grimod de La Reynière. Élevé en 1775, l'édifice avait un parti similaire à celui de l'hôtel de Saint-Florentin, situé à l'autre angle de la place. L'hôtel présentait une entrée néoclassique, des salons de réceptions bien distribués sur un jardin anglais étendu jusqu'aux jardins des Champs-Élysées, et des décors dans le style antique inspirés des découvertes archéologiques faites à Pompéi et Herculanum. Défiguré par des restaurations et des restructurations successives, l'hôtel Grimod de La Reynière fut finalement détruit en 1932, et remplacé par la nouvelle ambassade des États-Unis[12].

En 1842, l'ambassade de Russie est place Vendôme (n° 12 – aujourd'hui joaillerie Chaumet). Le comte de Pahlen y reste peu de temps, et Kisseleff assure l'intérim lors de ses déplacements et lors de sa succession. Particulièrement bien informé, il se montre très attentionné envers les artistes, hommes de lettres et négociants – il expédie à la cour de Russie beaucoup d'objets d'art, de

Double-page précédente :
PORTUGAL,
hôtel de Lévy.
La voûte élancée de l'escalier est la signature de l'architecte René Sergent (1865-1927).

Ci-dessous, à gauche :
RUSSIE,
hôtel d'Estrées.
Monumental surtout de table dans le salon conçu par l'architecte Robert de Cotte (1656-1735).

Ci-dessous, à droite :
ESPAGNE
Quelques temps ambassade d'Espagne, l'hôtel Collot, en bordure de Seine, quai Anatole-France, est aujourd'hui la galerie d'antiquités des frères Nicolas et Alexis Kugel.

13 Daudet (biblio.).
14 Villedot (biblio.).
15 Martin-Fugier (biblio.).
16 Bonfils (H.), *Manuel de droit international public*, Paris, 1848. Cité par Courcel dans *Nonces et nonciatures* (biblio.).

curiosité, de mode et des livres. En 1842, il est rejoint par Victor de Balabine, nommé secrétaire à l'ambassade de Russie. Balabine restera le temps de décrire dans son journal[13] la chute du règne de Charles X, le règne de Louis-Philippe, la Révolution de 1848 et l'avènement du second Empire. La Russie loue à partir de 1849, et jusqu'à son installation définitive rue de Grenelle, l'hôtel Perrinet de Jars (dit aussi hôtel de Guébriant – actuel Cercle de l'Union interalliée), rue du Faubourg-Saint-Honoré. En 1863, le baron de Budberg signe l'acte d'achat de l'hôtel d'Estrées, rue de Grenelle (n° 79), au nom du tsar Alexandre II qui en fait son ambassade impériale. La Russie est alors le troisième État à se doter d'une résidence permanente pour son ambassade.

● AMBASSADES MOUVANTES

Dans la première moitié du XIXe siècle, l'Angleterre et l'Autriche ont pris le devant de la scène diplomatique parisienne. Certaines ambassades font triste mine ; la plupart sont encore logées de façon précaire. En 1845, le duc de Sierra Capriola, ambassadeur napolitain, reçoit tout de même beaucoup dans son petit hôtel de la place Beauveau ; le marquis de Brignole-Sale, représentant du roi Charles-Albert de Sardaigne est rue Saint-Dominique ; l'internonce apostolique monsignor Garibaldi, depuis son hôtel de la rue de Bellechasse, « séduit plus qu'il ne convertit[14] ». Après que l'ambassade russe a quitté l'hôtel Grimod de La Reynière, l'ambassadeur de l'Empire ottoman, Rachid Pacha, lui succède place de la Concorde où son personnel, en redingote bleue et

bonnet rouge, reçoit ses invités. La Grèce, après plus de quatre siècles de domination turque, se soulève en 1821 et se proclame royaume indépendant. Peu après, Othon Ier accrédite à Paris son premier représentant, le prince Caradja, qui s'établit rue Las Cases. Tout au long du XIXe siècle, d'importantes personnalités du monde politique et culturel espagnol s'établissent à Paris, et en premier lieu Eugénie de Montijo, future impératrice des Français. En 1845, l'ambassadeur d'Espagne est encore logé dans un hôtel « des plus pauvrement meublé[15] » rue de la Victoire (n° 34). En 1859, et au moins jusqu'en 1880, l'ambassade d'Espagne est rive gauche en bordure de Seine (25, quai d'Orsay, actuel quai Anatole-France), et retrouve ses titres de noblesse dans le magnifique hôtel Collot (aujourd'hui galerie d'antiquités Kugel), qu'elle loue à l'ambassadeur de la Sublime Porte. L'ambassade d'Espagne s'établit aussi quelques temps à l'hôtel de Bragance, rue de Courcelles (n° 28), là où vécut en exil Maria-Cristina de Bourbon, avant que le siège diplomatique, puis la résidence, ne s'établissent dans un hôtel particulier cédé au gouvernement espagnol par le marquis de Casa-Riera (34, bd de Courcelles). Le 6 novembre 1920, l'Espagne d'Alfonse XIII fait l'acquisition de l'hôtel Berthier de Wagram, avenue Georges V, pour y établir définitivement son ambassade. En 1814, le chevalier de Brito, ambassadeur du Portugal, est rue de Tournon (n° 6). Dans la première moitié du XIXe siècle, Lisbonne n'est pas épargnée par le vent de liberté qui souffle sur toute l'Europe : à partir de 1820, une guerre civile met aux prises les chartistes libéraux et légitimistes et les septembristes radicaux. Les deux grands leaders de cette phase décisive de l'histoire du Portugal firent leurs classes à Paris : Casta Cabral, comte de Tomar, ambassadeur à Paris en 1847 mena le combat des chartistes et, soutenu par la reine Marie, obtint le pouvoir, mais fut évincé par le duc de Salhamha, face à l'inexorable poussée libérale de l'Europe. Salhamha avait également été ambassadeur à Paris (1835, puis 1848-1850). Le comte de Païva lui avait succédé dans cette charge et résidait rue de Lille (n° 77), en face du Prussien, le comte de Hatzfeld. En 1926, l'État du Portugal achetait l'hôtel de Lévy, rue de Noisiel (n° 3), un hôtel Belle Époque, toujours occupé par l'ambassade et la résidence.
Au cours du XIXe siècle, les nonces sont encore locataires de leurs résidences. Le Saint-Siège est alors successivement rue Saint-Guillaume (n° 20), avenue Bosquet (n° 2) ou encore, à partir de 1885, rue de Varenne (n° 58), dans l'hôtel de Feuquières, juste en face de l'hôtel Matignon alors ambassade d'Autriche-Hongrie. Comme pour la plupart des gouvernements, ces incessants déménagements présentent bien des inconvénients. Le Saint-Siège cherche à se stabiliser dès la fin du siècle, non sans difficultés. En 1889, la place de la Concorde est à deux doigts d'accueillir la nonciature : l'hôtel de Plessis-Bellière élevé à l'arrière des façades de Gabriel (6, place de la Concorde – aujourd'hui siège de l'Automobile Club), est légué par testament au pape Léon XIII pour qu'il y établisse la nonciature. Mais l'affaire, intéressante au niveau du droit international[16], n'aboutit pas, malgré l'avis favorable de la Cour de cassation en faveur du Saint-Siège (1894). À partir de 1910, la nonciature se rapproche de la fonction présidentielle en installant ses bureaux et sa résidence rue de l'Élysée (n° 10), dans un petit immeuble de style londonien construit sous le second Empire. Le 11 décembre 1906, en application de

Ci-dessous et ci-contre :
BELGIQUE,
hôtel de La Marck.
· Le salon chinois. Détail de l'un des quatre panneaux de Jean-Baptiste Huet.
· L'enfilade de salons jusqu'à la salle à manger. Sur chacun des marbres des cheminées, de très belles pendules : dans le salon Louis XVI, une œuvre de Lepaute, horloger du roi à Paris, dans la salle à manger une autre de Barbier le Jeune.
· L'escalier d'honneur. Le vestibule, dont la disposition d'origine permettait le passage de voitures à cheval, lorsque l'entrée se faisait par la rue d'Aguesseau et non par le porche de la rue de Surène, conserve une tapisserie flamande ainsi qu'un portrait de Léopold Ier, premier roi des Belges.

17 Bronne (biblio.).
18 Voir Bertaut (biblio.).

la loi de séparation de l'Église et de l'État, une perquisition y est effectuée : archives et documents sont saisis et le représentant du Saint-Siège est conduit, à la suite d'un arrêt d'expulsion, au Palais de justice puis à la gare de Lyon et de là, à la frontière franco-italienne. Ce n'est qu'après le rétablissement des relations diplomatiques avec la France (1921) que le Saint-Siège s'établit définitivement en 1923 dans l'ancien hôtel de la famille Grimaldi, à l'angle de l'avenue du Président-Wilson et de la rue Freycinet, où la nonciature se trouve encore actuellement.

● LA BELGIQUE CHEZ JULIETTE RÉCAMIER

En 1831, au lendemain de la proclamation de l'indépendance de la Belgique, la nouvelle nation qui venait de naître s'imposa auprès de la société parisienne, en accréditant un ministre plénipotentiaire qui avait su gagner sa confiance, faisant tomber une à une les réticences entretenues par la vieille étiquette vis-à-vis des jeunes nations. Le comte Charles Le Hon resta à Paris sans désemparer pendant dix ans ; le Tout-Paris connut ce personnage qui avait haut pignon sur rue, et grâce à son épouse Fanny, née Mosselman, rebaptisée « Iris aux yeux bleus » par Balzac, un engouement nouveau apparut pour la Belgique. L'ambassade s'établit Chaussée d'Antin, nouveau quartier opulent consacré par l'avènement du régime bourgeois de Louis-Philippe — « le faubourg Saint-Germain du nouveau régime[17] ». L'ancienne demeure de Juliette Récamier fut le siège de la première ambassade de Belgique. Cet hôtel élégant, situé rue Mont-Blanc

(aujourd'hui 66, rue de la Chaussée d'Antin) avait déjà toute une histoire. Édifié dans les années 1770 par l'architecte Cherpitel pour Necker qui y avait établi sa banque et ses bureaux, il était passé ensuite aux Récamier, qui l'avaient transformé et embelli selon la mode de l'époque. L'architecte Berthaut, chargé de la restauration, avait fait appel à l'entreprise Percier pour l'aider dans sa tâche. Percier dessina la célèbre chambre de Juliette Récamier, et Jacob, premier ébéniste du temps, exécuta les modèles du mobilier. Ce fut la maison type du Directoire. La royauté de Juliette s'établit dans ce décor de draperies de soie chamois ornées d'or, de meubles en acajou, de tables rehaussées de bronzes et garnies de marbres, de lampes antiques suspendues… À la faillite du banquier Récamier, la demeure passa au banquier bruxellois Mosselman qui le légua ensuite à sa fille Fanny peu après son mariage avec l'ambassadeur Le Hon. Rien ne fut modifié du chef-d'œuvre de Percier. La nouvelle « ambassadrice aux cheveux d'or », surnommée ainsi de façon dithyrambique par les dandys du Jockey Club, se proposa d'en faire une sorte de musée qu'elle aimait ouvrir à ses intimes et amis[18].

● LA POLOGNE SUR L'ÎLE SAINT-LOUIS

Les grandes vagues successives d'émigration ont véritablement contribué au rapprochement de la France et de la Pologne. Lors des insurrections du XIXe siècle, plusieurs milliers d'exilés politiques trouvèrent refuge en France ; Paris devint ainsi la capitale de la Pologne en exil. En 1831, la Pologne, vieille nation soumise, échouait dans sa tentative d'insurrection contre la souveraineté du tsar. Le prince Adam Czartoryski, chef de l'émigration, transforme alors l'un des plus beaux joyaux de l'île Saint-Louis, l'hôtel Lambert, en fief polonais et en centre de diplomatie active. Aux bals et aux réceptions de la princesse Czartoryska s'épanouissait alors une cour brillante et l'hôtel devint un foyer culturel où se côtoyaient dans la grande galerie d'Hercule les fidèles habitués de la cour du roi Adam Ier, le poète Adam Mickiewicz, Chopin, Montalembert ou Georges Sand. Chopin, pour le grand bal annuel, composa nombre de ses polonaises. Patriote polonais, le prince Czartoryski participa activement à maintenir vivante la

Ci-contre
et double-page suivante :
MEXIQUE
· Hôtel de Luynes. La salle à manger, ornée des œuvres du peintre muraliste Angel Zárraga (1886-1946).
· Chancellerie. Des œuvres de l'artiste muraliste A. X. Peña, datées de 1937, ornent la rotonde.
· Chancellerie, premier étage : au sol, alternance de verre et de mosaïque ; une verrière éclaire l'espace tout en occultant la cour.
· Chancellerie. Autour de la balustrade se déploient la bibliothèque et les bureaux des attachés militaires, culturels et économiques. Édifiée par l'architecte André Durand en 1926, la chancellerie du Mexique est l'un des rares exemples de bâtiment diplomatique entièrement art déco.

19 Raquillet-Bordry (biblio.).

question polonaise dans les chancelleries européennes. Le Parti de l'hôtel Lambert rassembla ainsi la fraction libérale aristocratique de l'émigration polonaise. Czartoryski créa de nombreuses institutions, dont la Librairie polonaise, ouverte dès 1832 boulevard Saint-Germain. Il fonda également dès 1838 la Société historique de Pologne, ou bibliothèque polonaise, qui s'installa aussi sur l'île Saint-Louis en 1853, quai d'Orléans (n° 6). Le poète Adam Mickiewicz composera ses œuvres les plus célèbres dans ce haut lieu de l'émigration polonaise. Située en bordure de Seine, elle est toujours aujourd'hui la plus grande institution culturelle représentant la Pologne hors de ses frontières. Le magnifique hôtel qui l'abrite, si chargé de souvenirs, et restauré entièrement ces dernières années, abrite aussi un salon Chopin et des archives permettant aux chercheurs d'approfondir leur connaissance des relations franco-polonaises et de l'histoire de la Pologne.

● L'AMÉRIQUE LATINE

Le point de départ des relations diplomatiques entre la France et les pays sud-américains remonte aux premières décennies du XIXe siècle ; celles-ci sont alors marquées par un intérêt commercial croissant des premiers consuls de France pour les richesses naturelles de certains pays, dont l'Équateur. Les relations se développèrent d'abord par l'intermédiaire des consuls et des chargés d'affaires. Puis, au moment de la constitution politique des États, les diplomates s'impliquèrent dans les événements internes et internationaux, nécessitant une présence

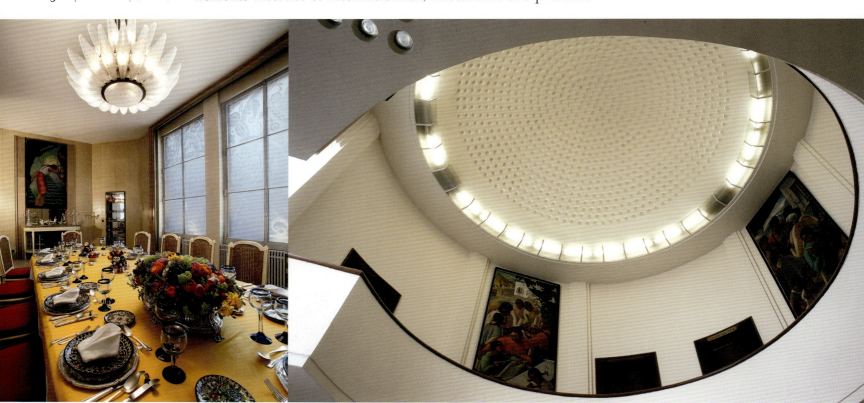

plus régulière en Europe. Ce n'est que progressivement et tout au long du XIXᵉ siècle que les États d'Amérique latine vont nommer à Paris leurs premiers ambassadeurs extraordinaires et plénipotentiaires[19]. Les représentations connaîtront une importante dispersion dans la capitale ainsi qu'une forte instabilité. Les almanachs diplomatiques et consulaires permettent néanmoins de suivre d'année en année les lieux choisis pour résidence. Les relations commerciales s'intensifiant, les représentations de l'Argentine, du Chili, du Mexique, de l'Uruguay, du Venezuela, de l'Équateur, du Pérou, de la Bolivie, du Paraguay et du Brésil s'implanteront à Paris sans pour autant que lesdits pays, encore locataires de leur résidence, se lancent dans une campagne d'achat d'immeubles diplomatiques. Au XXᵉ siècle en revanche, presque tous deviendront propriétaires.

● LE TOUT-PARIS DIPLOMATIQUE ET COSMOPOLITE : CÉRÉMONIAL ET FÊTES DU SECOND EMPIRE

Le Congrès de Paris, qui met fin à la guerre de Crimée, se tient en 1856 dans les salons flambant neufs du nouvel immeuble du ministère des Affaires étrangères, quai d'Orsay. Napoléon III se présente alors comme chef d'orchestre de l'Europe et Paris en capitale diplomatique. Métamorphosé sous les coups de pioches du baron Haussmann, Paris exerce une fascination prodigieuse. Le prestige de la capitale est considérable et, pour les nations soumises, les Parisiens offrent un modèle nouveau de société. Les bals se succèdent dans les ambassades, les plénipotentiaires de tous les pays sont reçus aux Tuileries, à Fontainebleau, à Saint-Cloud, à Compiègne ; les souverains, les princes, les chefs d'État, les ambassadeurs prennent part à la fête impériale. Les expositions universelles attirent un nombre inouï de têtes couronnées. Napoléon III, parallèlement à l'institution diplomatique officielle, mène une diplomatie personnelle plus ou moins occulte. Il s'entretient secrètement avec Bismark et Cavour, et personnellement avec les ambassadeurs, parmi lesquels lord Cowley, le Prussien von der Goltz, l'Italien de Nigra. La vie diplomatique est intense. Pauline de Metternich, ambassadrice d'Autriche, est véritablement l'âme de la Cour. Intime des souverains, « la jolie laide » dont Winterhalter avait su si bien capter le regard vif et spirituel, assiste aux séances de spiritisme de la Cour, lance le couturier Worth à Paris, tente de faire apprécier Wagner du public parisien. Toute la haute société se retrouve dans les salons des ambassades d'Autriche et d'Angleterre, chez les Metternich et chez lord Cowley qui tiennent le haut du pavé de cette fête permanente où règne l'élégance diplomatique. Alors que depuis le premier Empire, les cantons suisses n'envoyaient que des chargés d'affaires, un ministre plénipotentiaire est accrédité auprès de Napoléon III. Johannn Konrad Kern restera à Paris pendant plus de vingt ans et engagera notamment les traités de commerce de 1864 et de 1882. L'instauration de la dignité impériale remet à l'honneur un cérémonial pompeux. Donner des grandes fêtes est pour ainsi dire un procédé gouvernemental destiné à gagner à soi l'opinion publique. Les audiences retrouvent un lustre louis-quatorzien. Le 27 juin 1861, l'Empereur reçoit les ambassadeurs de Siam dans la grande salle de bal du château de Fontainebleau. Auguste moment qui consacre la rencontre entre l'Orient et

Ci-dessous :
Congrès de Paris, 25 février au 30 mars 1856, É.-L. Dubufe, 1856, huile sur toile, 30,8 x 51 cm, Versailles, châteaux de Versailles et de Trianon. Au ministère des Affaires étrangères, sous le regard de Napoléon III, en buste sur la cheminée, se trouvent assemblés tous les membres éminents de la diplomatie.

Ci-contre :
Réception des ambassadeurs du Siam par Napoléon III et l'impératrice Eugénie dans la grande salle de bal Henri II du château de Fontainebleau, le 27 juin 1861, J. L. Gérôme, 1864, huile sur toile, 128 x 206 cm, châteaux de Versailles et de Trianon.

l'Occident et qui sera immortalisé par le peintre officiel Gérôme. L'activité diplomatique se diversifie considérablement et l'ambassadeur doit désormais faire face à des responsabilités diverses : le personnel s'accroît, le volume des affaires également et avec lui un besoin toujours plus important d'espace.
Le paysage diplomatique parisien se transforme, parallèlement à la nouvelle donne politique de l'Europe. La constitution du royaume d'Italie et la formation de l'Empire allemand font disparaître plus d'une vingtaine de représentations parmi les plus anciennement implantées et qui avaient depuis plus de trois siècles façonné le Paris diplomatique. Venise, la Sardaigne, Naples, le duché de Lucques, Modène, les Deux-Siciles, la Hesse-Électorale, le Mecklembourg-Schwerin, le Oldenbourg, le Würtemberg, la Saxe-Weimar et bien d'autres petites ambassades disparaissent de la liste des almanachs. L'Italie réunifiée loue un hôtel de la rue Saint-Dominique (n° 133), puis à partir de 1894 s'établit dans l'hôtel de Galliffet, qu'elle achètera en 1909 et qui deviendra son centre culturel en 1938, lorsque la France lui attribuera l'hôtel de Boisgelin. La chute de l'Empire et la proclamation de l'Empire allemand, le 18 janvier 1871, à Versailles, seront les premières conséquences de la guerre franco-prussienne. En décembre 1871, le premier ambassadeur allemand accrédité auprès de la République prendra pour résidence, rue de Lille, l'hôtel de Beauharnais, ancienne ambassade de Prusse.

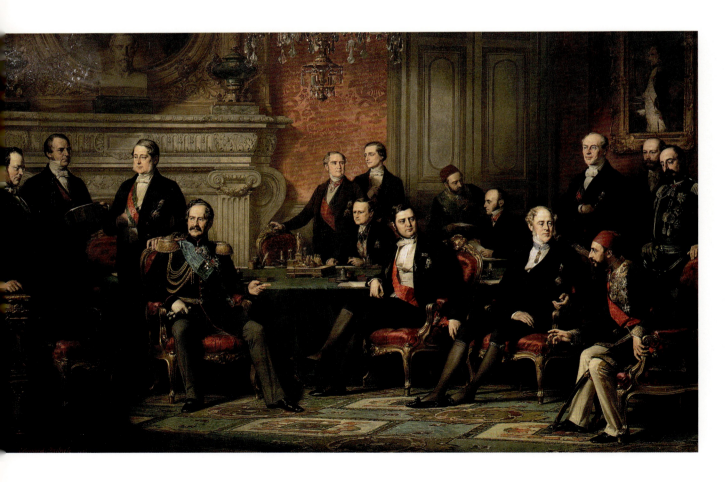

LES PREMIÈRES AMBASSADES D'ORIENT

LA CHINE

Dans la seconde moitié du XIXe siècle, Paris s'ouvre à l'Orient. L'empire du Milieu, soudain révélé comme une puissance nouvelle, attire une à une les grandes puissances occidentales qui y installent des comptoirs et des missions. Mais si l'établissement des relations diplomatiques est tardif, les rencontres entre l'Orient et l'Occident remontent beaucoup plus loin dans le temps. Au XIIIe siècle, le vénitien Marco Polo, si frappé par tout ce qu'il avait vu en Chine, publiait *Le Livre des merveilles*. Le 15 septembre 1684, le premier Chinois reconnu comme tel en France était reçu en audience par Louis XIV qui lui accordait les honneurs dus aux ambassadeurs[20]. Au XIXe siècle, la France aux portes de l'ère industrielle cherchant de nouveaux débouchés, se tourna vers la Chine pour établir des liens commerciaux. Très convoité, Pékin attirait dès le XVIIIe siècle les ambassadeurs d'Angleterre, de Hollande et de Russie ; la France profite du retour à la paix de la monarchie de Juillet pour s'intéresser aux immenses richesses de la Chine. En 1844, le premier traité franco-chinois était signé[21] après la première guerre de l'Opium (1840-1842). Avec la seconde guerre de l'Opium (1857-1860), les représentants diplomatiques des puissances étrangères s'établirent à Pékin, et pour la première fois dans son histoire, la

[20] « Galanterie du jeune chinois arrivé à Paris », *Le Mercure galant*, 1684.
[21] Cordier (H.), Callery (J. M), Pao (T'oung), *La Première Légation de France en Chine*, Brill, 1847, vol. 7, n° 1, 1906, p. 351-368 (18).

Chine instaurait des relations diplomatiques permanentes. Au début de l'année 1878, un ministre chinois, Guo Songtao, était accrédité à Londres. Sa mission dura huit mois, pendant lesquels il représenta également son pays auprès de la France. Son successeur, Zeng Jize, installait la première légation de l'empire de Chine avenue du Roi-de-Rome, l'actuelle avenue Kléber. En 1937, la Chine prendra en location l'hôtel de Rouvre, avenue George-V, où se trouve toujours son ambassade. L'hôtel particulier a finalement été acquis par le gouvernement de Tchang Kaï-shek en 1946, trois ans avant la Révolution chinoise. Le 27 janvier 1964, la France du général de Gaulle reconnaissait la République populaire de Chine et procédait à l'établissement de relations diplomatiques ; ce même jour, la République de Chine (Taïwan) rompait les relations diplomatiques avec la France. Le Premier ministre Zhou Enlai voulut faire de son ambassade à Paris une vitrine de la civilisation chinoise : il la faisait orner de panneaux de laque et d'œuvres d'art en provenance des collections du palais impérial. Cependant, pendant près de vingt ans, en raison de la guerre froide et de la Révolution culturelle chinoise, les volets de l'ambassade restèrent fermés. En 1978, à la suite de la politique de réforme de Deng Xiao Ping, l'hôtel de Rouvre préparait timidement sa réouverture et son réveil. En 2001, la Chine adhérait à l'Organisation mondiale du commerce. En 2010, la Chine accueillera à Shanghai l'Exposition universelle. En 1974 était créé à Paris un organisme de représentation de Taïwan en France. Il est devenu en 1995 le Bureau de représentation de Taipei (78, rue de l'Université) et œuvre pour une meilleure connaissance réciproque, un développement des échanges et des relations entre la France et le gouvernement de la République nationaliste de Chine ou État de Taïwan.

•• LE JAPON

En 1858, un traité de paix, d'amitié et de commerce, signé à Yedo entre le Japon et les États-Unis, signifiait l'établissement des liens diplomatiques. Au printemps 1862, l'ambassade envoyée par le Shogun à « son bon cousin » Napoléon III rendit aussi visite à la reine Victoria, et poussa la curiosité jusqu'à La Haye, Berlin et Saint-Pétersbourg. Ce fut un événe-

22 *Lettres de l'ambassade de 1662. La Vie du vieux Fukuzawa racontée par lui-même*, 1899, trad. M.F. Tellier, Paris, Albin Michel, 2007.
23 Yukichi (F.), *Lettres de l'ambassade de 1662*, dans R. Siffert (dir.) *Le Japon et la France, image d'une découverte*, Publications orientalistes de France, 1974.
24 *Le Temps*, 18 avril 1862, n° 358.

ment, toute la presse en parla : depuis trois cents ans, on n'avait pas vu de représentants du pays du Soleil-Levant en Europe. Cette première ambassade japonaise à Paris descendit à proximité des Tuileries, à l'hôtel du Louvre, où elle loua plusieurs suites et retint l'admiration de l'interprète de la mission Yukichi Fukuzawa[22]. Quatre ans plus tard, en 1868, le Japon qui avait clos à jamais l'ère féodale inaugurait l'époque Meiji. L'audience solennelle des ambassadeurs japonais par le couple impérial eut lieu le 13 avril 1862[23]. Le pittoresque de cette ambassade suscita la curiosité de ses contemporains et Nadar fut mandaté pour les portraits officiels[24]. Quarante ans plus tard, en 1906, le Japon logeait au 7, avenue Hoche — sur cet emplacement a été édifiée l'actuelle ambassade du Japon — dans un immeuble qu'il fit décorer tout spécialement par des artisans japonais. Cet ensemble mobilier « diplomatique », unique exemple en son genre, est en partie conservé dans l'actuelle résidence de l'ambassadeur du Japon, rue du Faubourg-Saint-Honoré (n° 35). Son histoire n'est pas dénuée d'intérêt si l'on considère qu'elle illustre à merveille une époque de la création et de l'art décoratif japonais. Les distingués fonctionnaires choisirent de faire appliquer des techniques de décoration nationales sur des formes d'ameublement parisien. Des documents, en provenance de Paris, furent envoyés chez M.M Mitsui et Cie afin d'être interprétés par des artisans japonais ; meubles, tentures, boiseries, plafonds, et bronzes revinrent prêts-à-poser avenue Hoche. Coffres à armures et fauteuils, conservés aujourd'hui rue du Faubourg-Saint-Honoré, faisaient partie de ce convoi. La fleur de chrysanthème, symbole de la famille impériale, était présente à maints endroits jusqu'aux incrustations métalliques du piano Steinway.

La Seconde Guerre mondiale entraîna une rupture des relations diplomatiques, jusqu'en 1952. Dès l'année suivante, le prince héritier Aki-Hito se rendit à Paris. L'empereur Hiro-Hito vint à son tour en 1971, accompagné de l'impératrice Nagako. Tous deux résidèrent rue du Faubourg-Saint-Honoré, dans la résidence nouvellement édifiée sur l'emplacement de l'ancien hôtel Pillet-Will.

Ci-contre :
CHINE,
hôtel de Rouvre, l'entrée. Au bas de l'escalier d'honneur, un paravent dit « double bonheur », où tout se compte par pair, dont des couples de mandarins, symboles de l'amour. Marqueterie de pierres, jades, marbres (fin XIXe siècle, dynastie des Qing).

Ci-dessous :
· « L'ambassadeur du roi de Siam dictant ses impressions de voyages à ses secrétaires », *L'Illustration*, 20 mars 1858. Envoyés à Paris à la suite de la signature d'un traité de commerce et d'amitié, les ambassadeurs de Siam renouaient des relations entre les deux pays interrompues depuis près de deux siècles. « [...] La plus grande distraction des envoyés siamois consiste à fumer, dans de longues pipes, du tabac d'Orient, au grand détriment des tapis de l'hôtel ; heureusement les morceaux d'or pur qu'ils ont apporté sont pour eux une recommandation plus que suffisante. » *L'Illustration*, 20 mars 1858.
· Sun Baoqi, ambassadeur de Chine à l'ambassade (1902-1905). L'imposante table ouvragée (dynastie Qing), toujours conservée à la résidence, provient des collections de la Cité impériale (coll. part.).

L'AVE NEMENT DES DIPLO MATIES UNIVERSELLES

Aux XXe et XXIe siècles, deux conflits mondiaux, un nouvel échiquier international, des bouleversements économiques et techniques sans précédent transforment le Paris diplomatique. Les jeunes États issus de la décolonisation de l'Afrique, de l'Asie, du Moyen-Orient, du mouvement des nationalités et de la dissolution du bloc de l'Est, étendent la représentation diplomatique à l'échelle planétaire. Plus de cent quarante-cinq ambassades étrangères sont présentes à Paris, établies dans des quartiers et des édifices où elles peuvent le plus aisément accomplir leurs missions : représenter, négocier, protéger, informer. Des États optent pour la modernité de leur image et font le choix d'une architecture contemporaine pour leurs ambassade, chancellerie ou résidence.

● PÉRIODES DE GUERRE : TRANSFERTS ET SÉQUESTRES

●● AMBASSADES VAINCUES OU VICTORIEUSES DE LA GRANDE GUERRE

Le 3 août 1914, l'ambassadeur d'Allemagne annonçait au président du conseil Viviani, au Quai d'Orsay, que l'empire d'Allemagne se considérait en guerre contre la France. Le départ des ambassadeurs allemand von Schoen et autrichien Széczen s'effectua dans une atmosphère tendue mais sans incident. Le gouvernement quitta Paris pour Bordeaux au mois de septembre, mais aucune ambassade étrangère ne le suivit dans son exil. C'est depuis l'hôtel Crillon que l'ambassadeur des États-Unis, Sharp, observe les événements[1]. La Grande Guerre anéantit l'Empire austro-hongrois : aux traités de Saint-Germain et de Trianon fut décidée la mise sous séquestre de l'hôtel Matignon et l'obligation de le vendre lui fut assignée par la suite.

Dès 1918, le Conseil national tchéco-slovaque, exilé à Paris, loua un immeuble au 18, rue Bonaparte ; Edvard Beneš, le tchèque Masaryk et le Slovaque Štefánik y planifieront leur résistance. La fin de la guerre et l'effondrement de l'Empire austro-hongrois consacreront leurs espérances. Loué également par Beneš, l'hôtel de La Rochefoucauld (15, avenue Charles-Floquet), sur proposition de son ambassadeur Štefan Osuský, était finalement acheté par la première République tchécoslovaque en 1924. Vingt ans après le Printemps de Prague, alors que le pays s'apprêtait à commémorer ses soixante-dix ans d'existence, les

1 Sharp (W.G.), « Souvenirs de mon ambassade », *Revue de Paris*, 15 oct., 1ᵉʳ et 15 nov. 1930 ; 1ᵉʳ janv. 1931.
2 Voir Goudard (G.), « L'installation de fortune des petites ambassades à la chute de l'Empire russe », *L'Opinion*, 1920, p. 151-152.

événements se précipitèrent. Autour du 17 novembre 1989, la révolution de Velours entraîna la fin des années de plomb. L'indépendance et la liberté des Tchèques et des Slovaques furent proclamées. Les Tchèques ont conservé l'hôtel de la rue Bonaparte, affecté aujourd'hui au Consulat et au centre culturel. Livré aux mêmes mouvements tumultueux que la rue Bonaparte, l'hôtel de La Rochefoucauld fut aussi le témoin des volte-face de l'histoire. L'Allemagne y avait le siège de sa propagande sous l'Occupation, et l'on raconte que c'est là que les premiers équipements de télévision furent montés. Lors de la répartition du patrimoine de la République fédérative tchèque et slovaque entre la République tchèque et la République de Slovaquie, le bâtiment fut attribué à la République tchèque, dont il abrite l'ambassade depuis le 1er janvier 1993. Une vaste campagne de restauration a permis de redonner à l'hôtel de l'ambassade toute sa beauté et l'a doté de toutes les fonctionnalités modernes. La nouvelle ambassade de Slovaquie s'est établie au 125, rue du Ranelagh.

Après la signature du traité de Versailles, les petits États issus de l'Empire russe venus défendre leur jeune indépendance lors de la conférence de la Paix, souhaitèrent rester à Paris et installèrent leurs délégations en manière de légations pour continuer leur tâche. Rien ne fut alors plus pittoresque que leurs installations à Paris où la vie officielle se mêlait à la vie domestique[2].

•• AMBASSADES DE FORTUNE PENDANT LA SECONDE GUERRE MONDIALE

En 1939, le monde s'embrase à nouveau, entraîné inexorablement dans un jeu d'alliances et d'intérêts. Au printemps 1940, Paris est occupé. Face à l'avancée allemande, le gouvernement se replie à Bordeaux puis à Vichy, promu au rang de capitale provisoire. Trente-deux représentations diplomatiques suivent le ministère dans sa retraite. En 1944, elles ne sont plus que vingt-deux. À Paris, les ambassades sont désertées et le mobilier précieux transféré en lieu sûr. Certaines résidences particulièrement vulnérables sont placées sous protection des services des intérêts étrangers des légations de Suisse ou de Suède. Dans les chaudières de l'ambassade

Page 100 :
BRÉSIL,
hôtel Schneider,
cabinet de travail
de l'ambassadeur.

Ci-contre et ci-dessus :
RÉPUBLIQUE TCHÈQUE,
hôtel de La Rochefoucauld.
· Un salon entièrement restauré.
· Détail d'une pendule de Charles Le Roy.
· Tomáš Garrigue Masaryk, premier président de la Tchécoslovaquie, en visite officielle à Paris en 1923 ; à sa gauche, Madame Osuský (assise), Štefan Osuský (debout), alors ambassadeur de la Tchécoslovaquie en France, et Edvard Beneš, alors ministre des Affaires étrangères, qui deviendra plus tard président de la Tchécoslovaquie.
· Porche extérieur de l'hôtel de La Rochefoucauld. L'ambassade a fait l'objet de la plus importante campagne de restauration réalisée par le gouvernement tchèque à l'étranger (2003-2005), avec la Maison tchèque à New York.

Double-page précédente :
POLOGNE,
hôtel de Monaco.
Dans le salon bleu, une pendule dont le mouvement est signé par la maison Marnyhac, rue de la Paix à Paris (XIXe siècle).
CHILI,
hôtel de La Tour d'Auvergne, escalier de service.

Ci-contre :
POLOGNE,
hôtel de Monaco.
Détail du plafond du salon de musique. Ce décor louis-quatorzien et néobaroque est l'œuvre (à partir de 1841) de l'architecte Fédel, et de son commanditaire, le banquier William Hope. Le bâtiment d'origine, par A. Brongniart, dans lequel Chopin fit ses débuts parisiens, et où Liszt se produisit avec une virtuosité inouïe au temps de l'ambassade d'Apponyi, fut ainsi considérablement transformé et enrichi de décors somptueux.

ÉGYPTE,
hôtel Ephrussi,
détail d'un bois doré de canapé.

3 Nordling (R.), *Sauver Paris, Mémoires du consul de Suède (1905-1944)*, éd. F. Virgili, Complexe, 2002.
4 MAE, archives du Protocole, série A.
5 *Ibid.*
6 *Ibid.* Rapport sur l'ambassade de Roumanie sur la journée du 7 sept. 1944.
7 *Ibid.* Rapport du ministère de l'entrevue du 29 août 1944 entre M. de Hautecloque et M. Kavalkovski, consul général de Pologne.

d'Angleterre, lord Campbell brûle les archives secrètes avant son départ précipité pour Bordeaux. Les scellés sont apposés sur l'hôtel Borghèse dont la surveillance est confiée aux États-Unis jusqu'à leur entrée en guerre en 1941, puis à la Suisse. Au retour des premiers membres de l'ambassade, l'hôtel et son mobilier seront restés intacts. Les ambassades reconstituent un cadre de travail dans les hôtels pour voyageurs ou des maisons réquisitionnées, comme l'ambassade du Japon à la Villa des Saules. Elles sont de fait réduites à leur plus simple expression, souvent composées du seul chef de mission et de ses plus proches collaborateurs. Quant aux consuls, les autorités allemandes acceptèrent leur présence à Paris. Le consul de Suède Raoul Nordling n'effectua ainsi que de brefs déplacements à Vichy et à Stockholm³. Artisan de paix tout au long de ces périodes et particulièrement pendant la semaine historique de la Libération, il a laissé son nom sur une plaque rue d'Anjou où se situait alors le bureau du consulat ainsi qu'à un square du XIe arrondissement. Le ministère des Affaires étrangères se replie à La Bourboule (Puy-de-Dôme), réparti entre la Villa Marguerite et la Villa des îles Britanniques⁴ ; le protocole se trouve à la Villa François Ier. Le corps diplomatique reconstitue, vaille que vaille, un cadre de travail dans les hôtels Borghèse, Dauphine et du Parc, ou dans des hôtels pour voyageurs réquisitionnés. Au Mont-d'Or, l'hôtel Métropole et l'hôtel des Étrangers reçoit ses nouveaux clients : les délégations de Siam, d'URSS ainsi que le ministre de Roumanie. Après le débarquement allié en novembre 1942, le durcissement des positions allemandes rendait plus précaire encore la situation des diplomates étrangers. Dès lors, aucun représentant des pays ayant déclaré la guerre et rompu des relations diplomatiques avec l'Axe ne fut autorisé à quitter la France ou à se réfugier en Suisse ou en Espagne. Pour l'ambassadeur du Brésil et son personnel, ainsi que pour plusieurs autres légations hispano-américaines, commençaient plusieurs années de précarité qui ne prendraient fin qu'à la Libération. La protection de l'ambassade d'Allemagne, confiée à la Suède dès septembre 1939, n'avait plus d'effet du jour où la Wehrmacht s'était emparée de Paris. Les autorités allemandes, malgré les règles du droit international, occupèrent en territoire français l'ambassade des États-Unis à Vichy, les ambassades d'URSS et de Pologne, les légations de Yougoslavie et de Tchécoslovaquie à Paris[5].

•• LES AMBASSADES SORTENT DE LA TORPEUR

Le 25 août 1944, Paris est libéré. le général von Choltitz, commandant du Grand Paris, s'avoue vaincu et signe en présence du général Leclerc la reddition de l'Allemagne. Le retour à une vie normale s'amorce dans les ambassades. Certaines restent cependant sous surveillance : des gouvernements faisaient encore preuve d'instabilité et les autorités françaises redoutaient des débordements de violence. À la demande du ministre de Suède, qui craignait pour l'intégrité de l'ambassade de Roumanie, remplie d'objets d'art et de meubles précieux, les scellés furent apposés sur l'hôtel de Béhague[6]. Les ambassades occupées furent rendues à leurs propriétaires, mais non sans surprise, comme en témoigne le rapport du consul général de Pologne Kavalkovski suite à sa rencontre avec le général Leclerc, le 29 août, au Quai d'Orsay : « Au cours de la conversation il a indiqué qu'il avait mis la main dans l'immeuble de l'ambassade de Pologne sur les archives de l'Institut allemand ; elles contiendraient des fiches sur un certain nombre d'écrivains français[7]. » Le séquestre de l'ambassade d'Autriche (alors 25, rue Beaujon) opéré par la Direction des domaines de la Seine fut levé, et l'hôtel remis – après le départ des autorités américaines qui l'occupaient – à l'État autrichien qui en était propriétaire depuis 1923. Georges Bidault, président du gouvernement provisoire depuis 1944,

Ci-dessous :
ÉGYPTE,
hôtel Ephrussi.
· Les collections de l'ambassadeur : un ensemble de plats, coupes et aiguières d'argent finement ciselé.
· La salle à manger. Sur la table, un surtout aux ibis. Échassier au long cou et bec retourné, l'ibis sacré était vénéré dans la mythologie égyptienne, parfois assimilé au dieu Thôt, dieu scribe, du fait de son bec comparé à une plume d'écriture.

soucieux de la bonne reprise des relations entre Vienne et Paris, s'inquiéta personnellement de la restitution[8]. Le mobilier de la légation du Siam (8, rue Greuze), entassé dans un wagon de la SNCF, avait quitté la France en direction de la Suisse dans la nuit du 17 avril 1943. La paix revenue, le Siam, qui entre-temps avait pris le nom de Thaïlande, réintégrait son immeuble du Trocadéro qui n'avait fait l'objet d'aucune occupation ni de réquisition. Le service des intérêts étrangers de la légation de Suisse aida les ambassades d'Italie et du Japon à recouvrer leurs biens officiels et diplomatiques et se chargea de l'acheminement par train depuis Vichy du mobilier transféré[9]. Les ambassades, restées volets clos et sans chauffage pendant quatre longs hivers, étaient retrouvées dans un état déplorable. À son retour rue de Noisiel, en février 1945, l'ambassadeur du Portugal adressa à Lisbonne un descriptif de la résidence : « Je ne dissimulerais point à Votre Excellence que l'impression que j'ai ressentie a dû être semblable à celle éprouvée par le Créateur avant la Genèse. J'ai trouvé l'image renouvelée du "rien" : une immense demeure transformée en vaste glacière, [...] Dans la Chancellerie, le vide absolu : pas une seule feuille de papier, pas un seul crayon [...] À l'intérieur des tiroirs, déformés et tristes, rien d'autre que la poussière de six années de solitude. Ce n'est qu'après de minutieuses recherches que nous avons trouvé froissée et abandonnée dans un coin, une feuille de papier à en-tête, avec en haut les mots *Legaçao de Portugal*, aussitôt utilisée pour la rédaction de la lettre adressée aux Postes et Télégraphes demandant la mise en marche du service télégraphique. J'ai déjà ordonné la venue de Vichy, où elles gisent, dans des cartons endormis dans la rési-

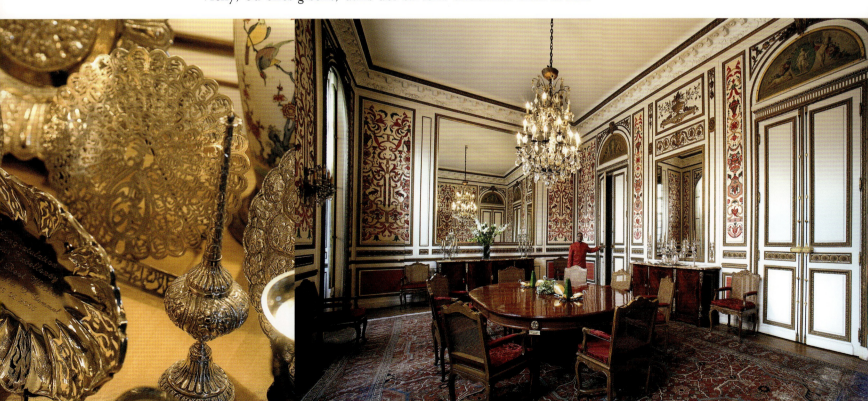

dence d'un fonctionnaire consulaire, les archives de cette légation[10]. » Depuis 1920, les légations parisiennes des trois États baltes de Lettonie, Estonie et Lituanie entretenaient des relations amicales avec la France. En 1940, leurs diplomates appelés à résider à l'hôtel du Parc à Vichy délaissèrent leurs résidences parisiennes. C'est dans le sud de la France, où ils s'étaient réfugiés sous la pression allemande, que ces diplomates apprirent la nouvelle de l'annexion de leurs pays par les troupes allemandes puis soviétiques. Occupations qu'ils rejetèrent. L'ambassade de Lettonie fut tout de même occupée par les Allemands, auxquels succédèrent à partir de juin 1941 les Soviétiques. En septembre 1944, lorsque le ministre letton fut de retour à Paris, le drapeau rouge flottait sur le petit hôtel de la rue de Prony, siège des émissaires bolcheviques. Après Yalta et la reconnaissance d'une ambassade soviétique à Paris par le gouvernement provisoire, il était devenu difficile à la France d'accueillir les représentations baltes, même si officiellement elles n'avaient jamais reconnu l'annexion de leurs territoires. Pourtant, et malgré l'absence de relations officielles avec les Républiques baltes et le Quai d'Orsay, des représentations de leurs gouvernements en exil continuèrent de fonctionner à Paris et à y être soutenues officieusement, notamment pour leur éviter « des difficultés de logement[11] ». Le gouvernement basque en exil à New York durant la Seconde Guerre mondiale s'installera à Paris, 48, rue Singer, après 1945. C'est là que le président basque Aguirre invitera Robert Schumann, de Gasperi et Konrad Adenauer pour évoquer l'idée européenne.

● EXPANSION DU PARIS DIPLOMATIQUE

Au début du XXᵉ siècle, seuls la Grande-Bretagne, l'Allemagne, la Russie et l'Empire austro-hongrois s'étaient dotés d'un hôtel particulier pour leur ambassade. À la veille de la Seconde Guerre mondiale, ils sont plus d'une trentaine d'États propriétaires. Le 6 novembre 1920, le gouvernement espagnol, sur une proposition de son ambassadeur le comte Quinones de Léon, grand ami d'Alphonse XIII, se porte acquéreur[12] en vente publique de l'hôtel Berthier de Wagram, avenue George-V (n° 15). La même année, la famille Besiade d'Avaray cède son hôtel aux Pays-Bas. À la mort du roi Farouk, la résidence de l'ambassadeur égyptien s'établit à l'angle de la place des États-Unis dans l'hôtel Ephrussi acquis par le roi Fouad Iᵉʳ en 1928 ; peu de temps après, l'opportunité se présente d'acheter, pour y établir les bureaux de l'ambassade, l'hôtel de La Rochefoucauld situé juste en face. En 1923, la nonciature, à la suite de la reprise des relations diplomatiques avec la France rompues depuis 1905 et après quatre siècles d'instabilité et de déménagements d'une rive à l'autre, s'implante près de l'Alma dans le palais Grimaldi. En remontant vers le Trocadéro, l'hôtel de Luynes est devenu la résidence de l'ambassadeur du Mexique en 1926. Dans le même temps, le gouvernement mexicain avait acquis un terrain ouvrant sur la rue de Longchamp où il fit édifier la chancellerie ; il passa commande à l'artiste muraliste Angel Zarraga d'une suite décorative illustrant l'histoire de son pays et de ses relations avec l'Amérique et la France. Le Portugal était aussi

8 Voir *ibid.* Immeubles diplomatiques sous séquestres, Autriche.
9 *Ibid.* Divers.
10 Lettre de l'ambassadeur Augusto de Castro au ministère de Lisbonne, datée du 22 février 1945. Archives de l'ambassade du Portugal à Paris.
11 Voir MAE, archives du Protocole, série A 227bis, carton A1 (1944-1962).
12 La quasi-totalité de la collection des œuvres d'art provient d'un dépôt par le Musée du Prado, établi par Ordre Royal du 29 avril 1882 pour l'ancienne résidence du boulevard de Courcelles. Les œuvre d'art furent intégrées au décor de l'hôtel Berthier lors de son acquisition.

Ci-contre :
SERBIE,
hôtel de La Trémoille.
Les allégories des Arts
par R. Rozet (1858-1939),
en biscuit de Sèvres,
surmontent les dessus-de-porte
des salons d'apparat
et de la galerie.

devenu propriétaire en 1926 de l'ancien hôtel de Lévis, rue de Noisiel et le Chili, trois ans plus tard, d'un palais fastueux de la Belle Époque, l'hôtel de La Tour d'Auvergne.

•• UNE IMPORTANTE VAGUE D'ACHATS

La dernière décennie avant la Seconde Guerre mondiale marque une importante vague d'achats et d'implantations durables. L'hôtel de La Marck est acheté en 1935 par la Belgique. En 1937, l'hôtel de Rouvre par la Chine. L'Italie signe un bail emphytéotique avec la France lui affectant l'hôtel de Boisgelin en échange du palais Farnèse à Rome destiné aux ambassadeurs de France. La Pologne expropriée de son ambassade pour les besoins de l'extension des pavillons de l'Exposition universelle de 1937 est dédommagée par le gouvernement français qui lui cède l'hôtel de Monaco, rue Saint-Dominique, un hôtel particulier aux antécédents diplomatiques incontestables puisqu'il avait été la demeure d'ambassadeurs anglais, de l'Empire ottoman et de l'empire d'Autriche. En octobre 1937, l'hôtel Pereire, contigu à l'hôtel de Béthune-Charost, était mis en vente. L'ambassadeur Philipps savait qu'il s'agissait d'une occasion inespérée pour l'ambassade d'Angleterre d'étendre ses bureaux devenus trop étroits face à l'accroissement du volume de ses affaires. Il en avertit immédiatement le Foreign Office qui en fit sans hésiter l'achat. La Confédération helvétique, locataire depuis 1918 d'un immeuble de l'avenue Foch (n° 51) devenu trop étroit et inadapté à de nouvelles exigences, par un hasard heureux, se rapprochait du faubourg diplomatique et de la proximité des ministères : Berne, par l'intermédiaire de son ministre Walter O. Stucki, pouvait acquérir en 1938 l'ancienne demeure du baron de Besenval, un Suisse qui avait servi l'armée d'Ancien Régime (l'hôtel Chanac de Pompadour au 142, rue de Grenelle). En 1945, le ministre de Suisse Carl J. Burckhardt incarnera l'esprit de la Croix-Rouge et Pierre Micheli y habitera à partir de 1956 ; ce dernier était le premier ambassadeur permanent de la Suisse à Paris. Le roi de Roumanie, sur une proposition de la poétesse Hélène Vacaresco alors attachée culturelle à l'ambassade, se portait acquéreur peu avant la déclaration de la guerre, de l'hôtel de Béhague. Fermée au public pendant de longues années, l'ambassade de Roumanie recelait un ensemble décoratif remarquable. La réouverture du pays et de son ambassade a permis la redécouverte d'un chef-d'œuvre de Boucher, *Le Triomphe de Vénus*. Le prince Paul, régent du royaume des Serbes, Croates et Slovènes, choisissait également en 1939 de prendre pour résidence parisienne l'hôtel de La Trémoille (1, bd Delessert). Après le second conflit mondial, la Yougoslavie fit son ambassade de l'édifice de style néo-Louis XVI, édifié en 1912 par l'architecte Sanson pour le duc de La Trémoille, sur la colline du Trocadéro. L'hôtel de La Trémoille est aujourd'hui la résidence de l'ambassadeur de Serbie.

•• PARIS CAPITALE DIPLOMATIQUE

Depuis le congrès de Vienne (1815) jusqu'à la Première Guerre mondiale, seule la diplomatie des puissances européennes avait compté. L'Europe s'était détruite elle-même au cours d'un conflit de type nouveau étendu à l'échelle planétaire, forçant

l'anéantissement des deux grands Empires austro-hongrois et ottoman, tandis que s'affirmait sur le devant de la scène internationale une nouvelle puissance, les États-Unis, suprématie qui n'allait plus être remise en cause. En 1920, la création de la Société des Nations doublait les traditionnelles relations bilatérales d'une organisation à vocation d'équilibre universel. Le 16 novembre 1946, trente-sept pays signaient la Convention qui devait donner naissance à l'Organisation des Nations unies pour l'éducation, la science et la culture (Unesco). Les fondateurs de la nouvelle organisation exprimaient la volonté de s'unir pour insuffler un esprit de paix dans un monde qui venait de mettre fin à la plus meurtrière des guerres. Aujourd'hui le bâtiment de l'Unesco, construit peu après la guerre, marque profondément le paysage du VIIe arrondissement. Sa conception symbolique (le jardin de la paix, l'espace de méditation, le square de la tolérance, le globe symbolique d'Éric Reitzel...) déroule son message de paix auprès des invités, des visiteurs d'un jour, des Parisiens et des passants de la rue de Fontenoy.
En 1946, Paris héberge la conférence de la Paix ; honneur qui lui revint pour des motifs d'ordre pratique – sa position géographique et ses commodités diplomatiques –, mais qu'elle doit aussi à sa vocation d'accueil des étrangers, car la capitale témoigne toujours derrière son apparente légèreté d'une capacité d'écoute et de compréhension. L'ordre international sort bouleversé du conflit. Le champ d'action parisien étend ses dimensions au monde entier. L'émergence du Moyen-Orient, du continent africain et de l'Asie entraîne la floraison d'une multitude de nations regroupées autour de jeunes États.

En 1960, « l'année de l'Afrique » connaît la plus belle moisson d'États jamais enregistrée au cours de l'histoire. En moins de vingt ans, les ambassades à Paris vont passer d'une trentaine, quantité qui avait peu changé depuis le XVIIIe siècle, à plus d'une centaine. Un pays vient d'engager des relations diplomatiques avec Paris : aussitôt, il lui faut trouver un immeuble pour son ambassade. Mais un acte d'achat ne se signe pas du jour au lendemain et plusieurs mois, si ce n'est plusieurs années, sont nécessaires pour que l'occasion rêvée se présente. L'immeuble, l'adresse, l'espace, l'agencement doivent se prêter autant à la représentation qu'à l'activité diplomatique. Après la guerre s'ouvre une nouvelle période d'achats : le Paris diplomatique se stabilise et poursuit son extension géographique. En mai 1948, peu après la reconnaissance de sa souveraineté, l'État d'Israël accrédite auprès de l'Élysée un ambassadeur. Israël n'achètera cependant l'immeuble de la rue Rabelais (n° 3) qu'en 1971. En 1948, l'administration américaine pour la coopération économique est à la recherche de locaux : le baron Guy de Rothschild propose alors de louer à l'ambassade des États-Unis son hôtel de la rue Saint-Florentin, celui-là même où mourut, le 17 mai 1838, l'un des plus grands diplomates, le prince de Talleyrand. En 1950, les États-Unis en deviendront finalement propriétaires. L'hôtel de Talleyrand, prédestiné à la diplomatie, devenait le lieu de rencontre essentiel entre Paris et Washington : le plan Marshall y fut élaboré. En 1961, l'hôtel de Beauharnais, occupé depuis la fin de la guerre par des services annexes du ministère des Affaires étrangères français, était restitué à l'Allemagne à l'occasion de la visite officielle de son président venu inaugurer une période de détente et de coopération entre Paris et Bonn. L'Asie et l'Afrique démontrent également leur volonté de s'implanter durablement à Paris. L'Inde achète en 1949 l'ancien hôtel de la richissime Consuelo Vanderbilt, épouse de Richard Spencer Churchill, neuvième duc de Marlborough, admirablement situé au pied de la tour Eiffel et du Champ-de-Mars. L'Angola, en 1979, s'installe dans l'imposant hôtel de Montpelas (ou de Rothschild) avenue

Ci-contre et ci-dessous :
IRLANDE,
hôtel de Breteuil.
· La Singerie, dans la lignée du cabinet chinois du château de Chantilly, proviendrait de l'ancien hôtel d'Aubeterre, rue d'Assas. Singes aux attitudes humaines, couronne de papillons, guirlandes de fleurs, masques et arabesques, oiseaux s'échappant d'une cage, écureuils, âne, têtes de chiens, paysages en médaillon...
· Détails de la Singerie : singes musiciens.

Ci-dessus :
IRLANDE,
hôtel de Breteuil,
la salle à manger.
Des scènes champêtres par
George Barrett (1728-1784)
ornent les boiseries Louis XV.
Né à Dublin, Barrett développa
son style paysagiste en Irlande
avant de s'établir à Londres,
où il fonda la London Royal
Academy en 1768.

Foch, élevé au siècle dernier sur l'ancienne et prestigieuse avenue de l'Impératrice. Le gouvernement d'Ottawa achète en 1953 l'hôtel de La Rochefoucauld (élevé sur l'emplacement de l'ancienne pépinière du roi, rue du faubourg Saint-Honoré) pour en faire la résidence de ses représentants. L'hôtel élevé par Ernest Sanson pour le marquis de Breteuil avenue Foch (n° 12) devient en 1954 la résidence et l'ambassade d'Irlande. La maison de l'infortunée princesse de Lamballe, qui avait trépassé sous le couperet des révolutionnaires, était confiée en 1954 par voie d'échange à la Turquie.

•• D'UNE RIVE À L'AUTRE
LES QUARTIERS DIPLOMATIQUES

S'il est un quartier choisi de longue date par les missions diplomatiques, il s'agit bien du faubourg Saint-Germain. Il semble qu'il y ait une harmonie naturelle entre l'architecture de ses belles demeures, hôtels particuliers classiques ou palais de la Belle Époque[13], et leur nouvelle destinée. Préservés des regards indiscrets derrière de lourdes portes cochères, avec leurs salons dorés, leurs boudoirs intimes, leurs cours accueillantes, leurs jardins harmonieux, ces hôtels, élevés pour une société galante et raffinée, se sont adaptés aisément à la vie de leurs nouveaux occupants. Les ambassades, en s'y établissant de façon durable, perpétuent la vocation économique, politique, sociale, culturelle et familiale de ces altières demeures. Dans un périmètre circonscrit entre les rues de Lille, de Varenne et de Grenelle, la concentration des ambassades et résidences n'a cessé de croître depuis le début du XXe siècle. Le modeste sentier conduisant autrefois au village de Grenelle a su gagner depuis ses lettres de noblesse : la rue de Grenelle est aujourd'hui l'une des premières rues diplomatiques de Paris. Les Suisses, établis dans l'ancienne demeure du baron de Besenval, sont voisins des Coréens, propriétaires depuis 1974 de l'hôtel de Damas d'Antigny. L'hôtel d'Avaray renouvelle chaque année sa floraison de tulipes depuis que les ambassadeurs néerlandais s'y succèdent et l'hôtel d'Estrées est toujours la résidence des ambassadeurs de Russie. Nombreux sont les États à avoir choisi les alentours du Quai d'Orsay, des Invalides et autres quartiers

13 Rousset-Charny (biblio.).

du trépidant VIIe arrondissement : la Pologne et le Paraguay (hôtel Amelot de Gournay, dit aussi de Mortemart, construit par Germain Boffrand et loué à la Banque de France) sont rue Saint-Dominique, l'Italie rue de Varenne, le Chili avenue de la Motte-Picquet, l'Afrique du Sud en bordure de Seine, l'Autriche et la Finlande sur l'esplanade des Invalides, la Bulgarie et le Luxembourg sur la pointe de l'avenue Rapp, le Costa Rica sur l'avenue Émile-Zola, la Roumanie rue de l'Exposition, non loin de là le Sénégal, la Suède, la Syrie, la Biélorussie. Et, dominant le Champ-de-Mars, la république Tchèque, l'Inde, le Cambodge... Une exception : le grand hôtel de Montmorency, rue du Cherche-Midi (n° 89), dans le VIe arrondissement, est à lui seul deux terres étrangères : les ambassades du Mali et de la République du Bénin s'y sont établies et se partagent les territoires, ainsi que le consulat de Mauritanie.

Rive droite, faubourg Saint-Honoré, la vie étincelle. Élue par les grands créateurs, quartier « chic » par excellence, la rue du faubourg Saint-Honoré accueille aussi aujourd'hui les résidences des ambassadeurs du Japon, de Grande-Bretagne, des États-Unis et du Canada. À proximité de la Madeleine, la Belgique a sa résidence, et l'Ouzbékistan son ambassade, bien reconnaissable par une porte dont les menuiseries ouvragées reprennent les motifs traditionnels de son artisanat. La proximité des Champs-Élysées et le VIIIe arrondissement, qui avaient déjà séduit la nonciature, l'Espagne, l'Égypte et la Chine dans les années 1920-1930, ont vu depuis la fin de la Seconde Guerre mondiale l'installation d'une trentaine d'États : l'Irlande, l'Algérie, Israël, Malte, le Brésil, la Colombie, l'Équateur, le Guatemala, le Costa Rica... Les nouveaux États issus de la décolonisation – plus d'une soixantaine – et ceux plus récemment de la décomposition du bloc de l'Est sont nombreux à s'être établis dans le XVIe arrondissement, entre le Trocadéro, Passy et Auteuil. Le domaine diplomatique de la Russie s'agrandit de l'hôtel Hériot (dit aussi Patenôtre, situé 41 et 49, rue de la Faisanderie) pour l'établissement des bureaux de ses affaires commerciales. Rue de la Faisanderie, la Guinée (n° 51) et l'Irak (n° 53) sont voisins. La place des États-Unis est un lieu de prédilection des puissances étrangères. Ainsi, le Koweit s'est établi dans l'ancien hôtel de la comtesse Branicka (n° 1), l'Égypte y a sa résidence et son ambassade, l'État du Bahreïn (n° 3ᵇⁱˢ, à l'angle avec le 2, rue de Lübeck) réside en son petit hôtel de brique et pierre, l'ambassade des États-Unis fut quelques temps dans l'hôtel Yturbe (n° 16) et le sultanat d'Oman y est aussi installé (50, avenue d'Iéna). Si le premier ambassadeur monégasque, Henri d'Avigdor, duc d'Acquaviva, fut accrédité en 1863 auprès de Napoléon III, ce n'est qu'en 1984 que la principauté de Monaco achète au groupe Dassault la charmante maison du boulevard Suchet pour son ambassade. La résidence, située dans le quartier du Trocadéro, fut acquise en 1962 par le prince Pierre, comte de Polignac.

•• ARCHITECTURE CONTEMPORAINE

Depuis une vingtaine d'années, l'accroissement du volume des affaires traitées dans les ambassades, la hausse du coût de l'immobilier, le manque de place et d'infrastructures sont autant

14 « L'ambassade de Tunisie à Paris », *Techniques et Architecture* (biblio.).
15 « L'ambassade du Danemark », *L'Architecture française* (biblio.).
16 « L'ambassade d'Afrique du Sud à Paris », *Architecture intérieure* (biblio.) et « Les diamants d'aluminium au bord de la Seine… », *Bâtir* (biblio.).
17 « Unité dans la diversité, l'ambassade d'URSS à Paris », *La Construction moderne* (biblio.).
18 « L'ambassade d'Australie à Paris », *L'Architecture aujourd'hui* (biblio.).
19 Koifman (biblio.). Koifman a rassemblé plus de 7 500 documents et établi une liste de 245 noms de personnes sauvées par Souza Dantas pendant la Seconde Guerre mondiale.

de raisons qui décident les puissances étrangères à édifier des ambassades modernes. De plus, à ces questions d'ordre pratique et économique est venue s'ajouter une volonté plus marquée des États de se singulariser par une œuvre architecturale. Le temps est venu pour les États d'élever des ambassades ou chancelleries qui manifestent leur identité et leur puissance. Ces constructions modernes, imposantes ou plus discrètes, font souvent preuve d'originalité. En 1963, l'Allemagne fédérale se dote d'une chancellerie avenue Franklin-Roosevelt. La Tunisie[14], tout en préservant son hôtel particulier de la rue Barbey-de-Jouy pour les réceptions ou événements exceptionnels, élève à l'arrière de celui-ci une construction moderne mieux adaptée aux différents services administratifs. Véritable carapace de verre et de fer, la résidence de l'ambassadeur du Japon s'élève depuis 1967 sur l'emplacement de l'ancien hôtel Pillet-Will, rue du faubourg Saint-Honoré. Propriétaire depuis 1920 d'un immeuble situé avenue Marceau, le Danemark fit élever sur son emplacement en 1968 une nouvelle ambassade[15] : fruit d'une heureuse collaboration entre architectes danois et français, une structure apparente de béton poli se détache de la façade de marbre blanc de Grèce. Depuis 1974, les diamants d'aluminium de l'ambassade d'Afrique du Sud[16] bordent le quai d'Orsay entre l'église américaine et le ministère des Affaires étrangères, et en voisin immédiat jusqu'à récemment du Qatar. Le parti pris fut celui de traduire dans un art abstrait, par des effets de matière et de forme, par un jeu savant d'équilibre entre le verre, la fonte d'aluminium et le marbre, le modernisme et l'élan d'un jeune État. Autre curiosité de ce parti architectural – qui tient évidemment compte des impératifs de sécurité, de discrétion, voire de secret –, il est sensiblement le même pour toutes les ambassades d'Afrique du Sud à travers le monde. En mai 1973, un permis de construire était déposé par les architectes Poknosky, Klimotchkine, Jougleux et Lissitchkine pour la nouvelle ambassade de l'Union des Républiques socialistes et soviétiques. Peu de temps après, émerge entre Auteuil et la porte Dauphine, comme un manifeste politique, un édifice colossal[17]. Fait assez exceptionnel, tous les éléments constitutifs de la façade, d'un poids total de deux mille tonnes ont été préfabriqués à Rennes et acheminés par la route. C'est ainsi que les Parisiens ont eu la surprise de voir se construire en très peu de temps la plus vaste représentation diplomatique de la capitale. Le blockhaus marque l'imaginaire diplomatique de Paris. L'hôtel d'Estrées, encore actuellement la résidence de l'ambassadeur, suscite auprès des Parisiens la même curiosité. La Turquie, par la construction, en 1976, de sa chancellerie résolument moderne en surplomb des jardins de l'hôtel de Lamballe, consacra l'installation de son ambassade rue d'Ankara. Depuis 1978, les deux bâtiments de l'ambassade d'Australie[18] implantés en bordure de Seine, sur le quai Branly, répondent aux courbes du palais du Trocadéro situé sur l'autre rive. Sa façade de quartz blanc et de granit gris de Limoges alterne entre intimité et ouverture sur l'extérieur ; un parti architectural de taille à répondre aux exigences de représentation d'un pays, qui, s'il est le plus petit des cinq, s'étend tout de même sur un continent. En 1993, l'Espagne édifie une chancellerie dans le jardin de l'hôtel Berthier de Wagram, côté avenue Marceau.

Cette approche topographique de la diplomatie à Paris prend son relief pour le curieux ou l'amateur de belles demeures, lorsque, au détour d'une rue qu'il croyait bien connaître, le signe modeste d'une plaque commémorative lui révèle un passé proche ou lointain et les événements prestigieux ou anodins, fastueux ou insolites qui s'y déroulèrent. Ainsi, à l'entrée du bel hôtel Salé, aujourd'hui musée Picasso, une plaque rappelle au visiteur attentif qu'un ambassadeur de la République de Venise en fit sa résidence en 1671. Sur l'île Saint-Louis, entre le merveilleux quai de Béthune et la vieille rue Poulletier, quelques lignes apposées sur l'ancienne porte de l'hôtel Hesselin indiquent au flâneur que la nonciature s'y était établie au début du XVIIIe siècle. Gravée sur la façade d'un immeuble de l'avenue Montaigne (n° 45), désormais occupé par une élégante maison de couture, apparaît le nom d'un ambassadeur du Brésil, Luiz de Souza Dantas, grand ami de la France et amoureux de Paris[19]. Ces plaques apposées sur les immeubles occupés jadis par de prestigieuses ambassades sont encore peu nombreuses. Souhaitons qu'elles se multiplient. Et qu'un jour même, un circuit de visite soit défini pour découvrir ce que fut la vie diplomatique parisienne d'hier, depuis la rue de Tournon, les quais de Seine, les abords du Louvre, le Marais, le faubourg Saint-Germain…

Ci-dessous :
BRÉSIL,
hôtel Schneider.
Bureau de l'ambassadeur, anciennement salon de réception de la famille Schneider. En bas de chaque panneau peint de paysages exotiques, un médaillon reprend une scène des *Fables* de La Fontaine.

TRENTE AMBASSADES A PARIS

L'ambassadeur est un ministre dont un État ne peut se passer
et le droit de l'ambassade est la plus illustre marque
de la souveraineté.
Wicquefort, *L'Ambassadeur et ses fonctions*, 1681.

AVERTISSEMENT

Le nonce apostolique a préséance sur tous les autres ambassadeurs.
C'est pourquoi la représentation diplomatique du Vatican
est ici placée en ouverture des autres puissances étrangères, après
la séquence consacrée au salon des ambassadeurs du palais de l'Élysée.
Ensuite, une sélection d'ambassades, résidences ou chancelleries, parmi
les plus anciennement implantées à Paris, est présentée selon l'ordre
chronologique de leur sédentarisation. Le protocole veut que
la préséance entre les ministres étrangers accrédités à Paris
soit établie selon l'ancienneté de remise des lettres de créance.
Nous l'avons naturellement respecté ici. Ainsi, se déroule un voyage
« sans visa » en territoire étranger, au cœur du Paris diplomatique.

LE PATRIMOINE DIPLOMATIQUE AUJOURD'HUI

••• L'IMMUNITÉ DIPLOMATIQUE

Le principe d'extra-territorialité est la plus importante des prérogatives des ministres étrangers : l'ambassade, l'ambassadeur et son personnel ont le privilège de n'être pas soumis à la juridiction du pays où ils sont accrédités. Les immunités diplomatiques ont existé de tous temps[1], codifiées au cours des âges et complétées par la convention de Vienne du 18 avril 1961. Elles impliquent : l'inviolabilité personnelle du chef de mission, qui le met à l'abri de toute mesure d'arrestation ou de détention, ainsi que celle de tout le personnel officiel ou non officiel de la mission ; l'inviolabilité de la correspondance, des archives et de l'hôtel diplomatique.

••• AMBASSADES, CHANCELLERIES, RÉSIDENCES, CONSULATS, CENTRES CULTURELS

Dans la pratique contemporaine des relations bilatérales permanentes, l'organe de représentation diplomatique par excellence est l'ambassade. Ses domaines d'action se sont considérablement étendus ainsi que l'espace nécessaire à ses activités. Aux affaires politiques s'ajoutent désormais les services économiques — relevant historiquement de la compétence des consulats, ils représentent aujourd'hui l'un des domaines les plus importants de ses missions —, les affaires militaires, l'information et la presse, les services culturels. Le patrimoine immobilier diplomatique des États comprend maintenant la résidence, la chancellerie, le consulat et le centre culturel. Si les échanges culturels organisés entre gouvernements débutèrent au XIXe siècle, sur une initiative de « l'ambassadeur extravagant » Alexandre Wattemare[2], aujourd'hui « la culture est une arme diplomatique[3] ». À Paris, les instituts culturels sont près d'une quarantaine à participer au rapprochement entre les peuples[4]. Certains émanent des ambassades : l'Institut Goethe, le British Council, l'Institut culturel italien, l'Institut Cervantès et Camoëns… D'autres sont plus autonomes : la Maison de l'Amérique latine, véritable fenêtre sur la culture latino-américaine, le très actif Institut néerlandais, le Centre suédois, l'Institut du monde arabe, fondé en 1987, à l'initiative de la France et de vingt-deux États arabes, le premier Centre culturel de la Chine en Occident, inauguré en 2002…

••• « SON EXCELLENCE LE PROTOCOLE »

Le protocole codifie les règles qui gouvernent le cérémonial et dont l'objet est de donner à chacun des participants les prérogatives, privilèges et immunités auxquels il a droit[5]. Son formalisme, qui a toujours frappé les observateurs, a sa raison d'être. La tâche complexe du diplomate ne peut s'accomplir que dans une ambiance morale et dans des conditions matérielles qui n'entravent pas son libre déroulement. La diplomatie est l'art de s'attirer la sympathie, voire l'amitié de qui veut protéger son pays. Héritier du cérémonial et de l'étiquette, « son excellence le protocole[6] » possède une autorité souveraine ; il dispose le cadre et l'atmosphère dans lesquels les rapports pacifiques des États sont appelés à se dérouler. Il est la courtoisie des États. Discret, gage de relations sereines, il reste omniprésent dans les ambassades.
Recevoir est une obligation. Le décor est naturellement l'allié du cérémonial. Véritables « machine à recevoir », les pièces de réception des ambassades se doivent d'être suffisamment spacieuses, ne serait-ce que pour accueillir une

fois par an les nombreux invités de la fête nationale. L'organisation d'un dîner relève de l'art militaire, la liste des invités de la logistique, le plan de table de la tactique ! Plus encore que le salon, lieu de représentation, la salle à manger est le lieu politique par excellence de la maison. Chez les Mexicains par exemple, elle est ornée des œuvres d'Angel Zarraga, tandis que chez les Italiens, un plafond baroque offre l'illusion d'un ciel mouvementé, les chaises sont peintes de personnages de la commedia dell'arte, les portes sont vénitiennes et les paysages de Guardi.

Les missions administratives sont traitées non plus dans les résidences mais dans les bureaux des chancelleries, plus fonctionnels. Ainsi, le « bureau de Bismarck », à l'hôtel de Beauharnais, n'est conservé qu'à titre de mémoire et c'est avenue Franklin-Roosevelt que les liens entre l'Allemagne et la France sont tissés patiemment. Une exception toutefois : l'ambassadeur de Grande-Bretagne reçoit toujours à l'hôtel de Charost, dans la « Duff Cooper Library », même si c'est à l'hôtel Pereire que sont traitées les affaires courantes. Quant aux jardins d'ambassades, ils sont propices aux discussions sans protocole. Rue de Varenne, le jardin de l'hôtel de Boisgelin, résidence d'Italie, est l'un des plus étendus de la capitale. Celui de l'hôtel de Pontalba s'étend sur près d'un hectare ; tous les 4 juillet, plus de 2000 invités peuvent y évoluer, à l'ombre du séquoia venu d'Amérique, de l'arbre aux cloches d'argent, du magnolia, du cornouiller, des érables de Chine et du Japon. À chaque printemps, les parterres de l'hôtel d'Avaray renouvellent leur floraison de tulipes hollandaises. Chez les Suisses, le salon des perroquets s'ouvre sur le jardin, lequel avait fait l'objet au XVIIIe siècle des plus grands soins de l'abbé de Pompadour.

••• COLLECTIONS D'ÉTAT ET AMBASSADEURS COLLECTIONNEURS

Le mobilier et les œuvres d'art participent aussi aux relations diplomatiques. Acquis parfois avec l'immeuble, ils sont souvent le fruit des dépôts de l'État (collections nationales ou acquisitions plus récentes). La Grande-Bretagne et les États-Unis ont mis en place dans ce domaine des dispositifs originaux : « The Government Art Collection » réunit les souvenirs de l'hôtel de Béthune-Charost et illustre l'amitié liant les deux pays, tandis que le programme « Art in Embassies » permet un renouvellement des collections d'œuvres d'art dans les ambassades américaines à travers le monde. Les prêts sont consentis par les musées, les galeries ou les collectionneurs privés. Les artistes sont parfois des ambassadeurs ; ainsi l'hôtel de Pontalba a pu accueillir des chefs-d'œuvre de Mary Cassatt, James Whistler, Arthur Armstrong, prêtés par la National Gallery of Art de Washington ou d'autres prestigieuses institutions... Au XVIIIe siècle, la « république des lettres » et le monde des collectionneurs s'appuyaient sur la société diplomatique. Il n'était pas rare que les ambassadeurs, au cours de leurs séjours à l'étranger, se constituent des bibliothèques historiques et philosophiques, et rédigent des notes sur la vie culturelle, les peintres, les musiciens, les sculpteurs. Leur sensibilité s'éveillait à l'occasion de voyages, de visites de collections princières et privées. De longs séjours leur permettaient, en effet, de se situer au centre de la circulation des objets précieux et des œuvres d'art. Les diplomates ont également tenu un rôle de mécènes important, et ont pu contribuer à l'épanouissement d'une culture cosmopolite. Leur grande curiosité ainsi que leurs préoccupations esthétiques ont perduré jusqu'à nos jours. L'une des plus illustres collections privées venue orner une résidence diplomatique est celle de Pamela Harriman, ambassadeur des États-Unis de 1993 à 1997. L'hôtel de Pontalba était alors l'écrin d'œuvres majeures, parmi lesquelles une étude préparatoire des *Joueurs de cartes* de Cézanne et *Les Iris blancs* de Van Gogh.

Une attention nouvelle portée au patrimoine des immeubles diplomatiques favorise aujourd'hui leur conservation, l'étude scientifique des décors, la continuité des collections au fur et à mesure des nominations. L'art avec lequel sont maintenus dans leur vocation ces lieux de mémoire, chargés d'histoire et investis dans l'actualité, perpétue la marche majestueuse des ambassades à travers les âges.

Pages précédentes :
p.118-119
CHILI,
hôtel de La Tour d'Auvergne.
Le grand salon, à l'origine un fumoir, est orné de quatre tapisseries sur le thème des *Fables* de La Fontaine (« Les animaux malades de la peste », d'après des cartons de Jean-Baptiste Oudry, 1686-1755). Au fond, une bibliothèque encastrée dans une étroite loggia et des boiseries sombres de style Louis XVI. Au sol, un large tapis à médaillon de la Savonnerie.

p.120-121
ITALIE,
hôtel de Boisgelin.
Cette ravissante bibliothèque, autrefois celle du palais de Vercelli, est ornée de paysages virgiliens signés Cignaroli, l'un des meilleurs peintres et décorateurs piémontais du XVIIIe siècle.

---

1 Voir Baillou (biblio.) et *supra*, p. 49.
2 Voir Tilliette (biblio.).
3 Seydoux de Clausonne (biblio.).
4 Le forum des instituts culturels étrangers à Paris a été créé en 2002 sur une initiative du Centre culturel canadien.
5 Voir Gandouin (biblio.).
6 Chambon (biblio.).

SALON DES AMBASSADEURS / PALAIS DE L'ÉLYSÉE

ACQUISITION	SITUATION	FÊTE NATIONALE
Présidence de la République depuis 1874	55, rue du Fbg-Saint-Honoré VIIIᵉ	14 juillet, prise de la Bastille

S'il est encore d'usage, à Londres, de conduire les ambassadeurs en carrosse jusqu'à Buckingham, à Paris le cérémonial républicain se fait plus sobre et la réception des ambassadeurs à l'Élysée manifeste son pragmatisme. Le protocole est néanmoins la courtoisie des nations. S'il surprend parfois, il instaure un climat favorable aux relations de confiance entre les États. C'est dans le salon d'honneur de l'aéroport qu'un agent du protocole accueille désormais le nouvel ambassadeur. Dans les jours qui suivent, le chef du protocole, introducteur des ambassadeurs, lui rend visite en sa résidence ou chancellerie pour préparer l'audience officielle. Au jour fixé, au palais de l'Élysée, dans le salon des ambassadeurs orné d'un mobilier couvert en lampas bleu sur le thème des quatre nations, l'ambassadeur, accompagné de ses plus proches collaborateurs, en tenue de ville ou en costume national, remet au chef de l'État ses lettres de créance ainsi que les lettres de rappel de son prédécesseur.

Il existe à ce jour 194 États (en 2006) au monde et environ 145 entretiennent des relations diplomatiques permanentes avec la France. On compte presque autant d'ambassades à Paris. Lorsque les intérêts diplomatiques d'un État ne justifient pas une ambassade mais une représentation commune à plusieurs pays, il arrive que les relations soient entretenues depuis Bruxelles, Londres ou Berlin. Autrefois, les missions pouvaient s'étendre sur plus d'un quart de siècle ; aujourd'hui, l'instantanéité des relations et les nouveaux rapports internationaux ont transformé la « carrière », au cours de laquelle les missions ne durent guère plus de quatre années.

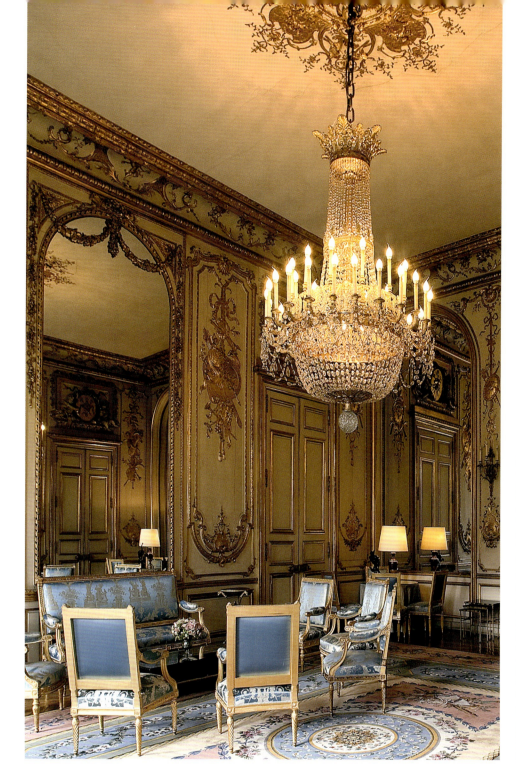

Ci-contre. Le salon des ambassadeurs. Le palais de l'Élysée, ancien hôtel d'Évreux, fut affecté à la résidence des ambassadeurs extraordinaires sous Louis XV. Le roi en avait confié les aménagements intérieurs aux architectes Soufflot et Gabriel, sous la conduite du marquis de Marigny, intendant des bâtiments. Vendu puis racheté au financier Beaujon, l'hôtel d'Évreux fut à nouveau réservé à la résidence des hôtes d'État et diplomatiques sous Louis XVI. Présidence de la République depuis l'installation de Mac Mahon en 1874, le palais de l'Élysée reçoit aujourd'hui les ambassadeurs des puissances étrangères, le temps de la remise des lettres de créance.

Ci-dessous. La monumentale pendule, dite « de la Chute de Phaéton », indique les mois, les phases de la lune et les signes du zodiaque.

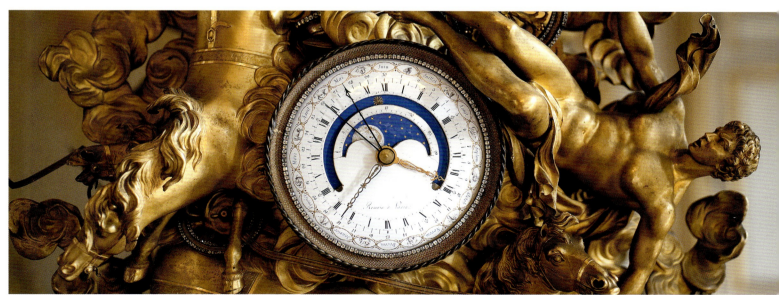

Ci-dessus, à gauche.
Hall d'entrée, pendule XIXᵉ
(J. Thuret, Paris).

Ci-dessus, à droite.
Vitraux Art nouveau,
à arborescences végétales
stylisées, dans la cage d'escalier
aux motifs médiévaux.

Ci-contre.
Au mur de la salle à manger,
une des deux tapisseries de
l'histoire de Jeanne d'Arc offerte
en cadeau par la France au Saint-
Siège, en 1921 (manufacture
des Gobelins, 1897-1899).
Jeanne à cheval, escortée de ses
compagnons, et saint Michel
terrassant le dragon, symbolisant
l'ennemi Anglais, qu'il fallait
« bouter » hors de France.

Vignette.
Détail du décor
de mosaïque de l'oratoire.

PALAIS GRIMALDI /
SAINT-SIÈGE

ACQUISITION
1923

NONCIATURE APOSTOLIQUE
10, avenue du Président-Wilson XVIe

FÊTE NATIONALE
29 juin, fête de saint Pierre et saint Paul

Parfois inquiétant, souvent subtil, toujours respecté, le nonce du pape traverse les âges de la représentation diplomatique. L'histoire a modifié les rapports de l'Église et du pouvoir temporel, mais le prestige du nonce apostolique demeure. Envoyé et représentant du pape à Paris auprès de l'Église locale, ambassadeur du Saint-Siège et de l'État du Vatican auprès du gouvernement où il exerce son ministère, le nonce apostolique (du latin *nuntius*, messager) possède depuis le congrès de Vienne (1815) le privilège de la préséance sur tous les autres ambassadeurs dont il est le doyen – privilège confirmé en 1961. Son installation multiséculaire à Paris (depuis près de 500 ans) ne s'est pas accompagnée d'une permanence des lieux de résidence. On le vit tour à tour séjourner dans l'hôtel des Abbés de Cluny, sur l'île Saint-Louis, au faubourg Saint-Germain dans les plus beaux hôtels particuliers (dont les hôtels de Cavoye, de Biron, de Montmorin…). À la suite du rétablissement des relations diplomatiques avec la France rompues depuis 1905, le Saint-Siège souhaita mettre fin aux multiples déménagements : le 5 novembre 1923, il devenait propriétaire de l'ancien hôtel de la famille Grimaldi. Le « palais Grimaldi », construit en 1899, comporte une suite de salons de réception qui conduisent à la salle à manger et à la chapelle. Si plusieurs portraits des souverains pontifes et une *Sainte Cécile*, par Lucas Giordano (1626-1705), rappellent l'identité des lieux, l'État du Saint-Siège à Paris a plutôt choisi la discrétion et la simplicité.
Le nonce Giuseppe Roncalli (1944-1953), futur Jean XXIII, a fait orner, à l'occasion du jubilé sacerdotal de Pie XII, la chapelle d'un plafond peint, toujours conservé. « Parmi les tâches de notre mission diplomatique, déclarait-il, (…) on ne doit pas négliger l'entretien et le décorum de la résidence du représentant du Saint-Siège, qui est aussi, dans les capitales des nations, la maison du pape. » La discrète demeure a reçu, depuis, la visite de Jean-Paul II en 1980 et 1997, puis celle de Benoît XVI en 2008.

PALAIS BORGHÈSE /
GRANDE-BRETAGNE

ACQUISITION	RÉSIDENCE	FÊTE NATIONALE
1814	39, rue du Fbg-Saint-Honoré VIIIᵉ	23 avril, fête de saint Georges

Le 24 octobre 1814, le duc de Wellington, au nom de Sa Majesté britannique, signait l'acte d'acquisition de l'hôtel de Béthune-Charost, résidence de Pauline Borghèse. Pour la première fois dans l'histoire des résidences diplomatiques, un gouvernement se portait acquéreur de l'immeuble de son ambassade.

En 1720, le duc de Charost avait commandé les plans de son hôtel à l'architecte Mazin sur le faubourg Saint-Honoré, nouveau quartier à la mode. En 1803, Pauline s'investissait avec un soin particulier à remettre au goût du jour sa nouvelle demeure, tandis que les collections de son mari, le prince Camille Borghèse, en étaient la parure. Depuis 1814, les ambassadeurs de Grande-Bretagne, dans une succession brillante et ininterrompue jusqu'à nos jours, ont marqué avec panache leur séjour. Les Stuart, Granville, Cowley, Normanby, Lyons, Lytton, Cooper, et bien d'autres encore, ont préservé et embelli le grand salon vert et or, les salons bleu, jaune ou rouge, la « Duff Cooper Library », la salle du trône, la véranda, le jardin... Le génie des hôtes a été de fondre leur mémoire dans celle des lieux, de manière à rendre un délicat hommage à l'inspiratrice de la demeure, Pauline, sœur cadette et préférée de Napoléon.

Le porche du faubourg, marqué aux armes et à la devise de la Couronne britannique, a vu et voit passer chaque année un nombre incalculable de célébrités politiques ou artistiques. On y vit la reine Victoria (1855, 1868 et 1879), Madame de Staël, Juliette Récamier, Oscar Wilde, Marcel Proust. Les monarques et leur famille y sont chez eux. Ici furent célébrées les noces des parents de Winston Churchill ou encore d'Hector Berlioz et Harriet Smithson, en 1833, avec pour témoin de leur union Liszt, déjà habitué de l'ambassade, en tant que professeur de musique des demoiselles Granville. Inspiré par la beauté des lieux, la romancière Nancy Mitford écrira *The Blessing* puis *Don't tell Alfred*.

Ci-dessus.
La salle du trône. C'est ici que l'ambassadeur, au nom de Sa Majesté la reine d'Angleterre, investit ceux qu'elle a choisi d'honorer. Le baldaquin est le dernier vestige d'une tradition selon laquelle l'ambassadeur recevait avant de partir en mission un drap d'honneur en damas rouge cramoisi, une chaise, deux tabourets, un tabouret de pied et un tapis. Les armoiries de la Couronne appliquées sur le dais dateraient du XVIIIe siècle. Placé à droite du trône, un portrait de la reine Victoria (1819-1901), par Sir George Hayer (1792-1871). Ce portrait en habit de couronnement est l'une des répliques commandées par la reine pour les ambassades britanniques à l'étranger. La reine est représentée sur un « fauteuil à hommage », portant la Dalmatique pourpre et or, la couronne impériale et tenant le sceptre à la croix.

Ci-dessus, à gauche.
Détail d'un pied de miroir.

Ci-dessus, à droite et vignette. Les médaillons du duc de Wellington (ci-dessus) et de Pauline Borghèse (vignette) se font face au-dessus de la porte de la « Duff Cooper Library ». Arthur Wellesley, duc de Wellington, donna, au nom de la Couronne britannique, son accord pour l'acquisition de l'hôtel de Charost, dont il fut le premier résident comme ambassadeur.

Ci-contre.
Dans l'antichambre du premier étage, portrait de Pauline Borghèse par Robert Lefèvre. Peint en 1808, ce tableau fait partie des portraits officiels napoléoniens exposé à Saint-Cloud. Après Waterloo et l'occupation de Paris, il fut acquis comme butin de guerre par le maréchal Blücher et transféré en Prusse. Il a été acquis en 1978.

Vignette.
L'adjonction par Joséphine de Beauharnais d'un portique égyptien à la façade principale de Germain Boffrand, côté cour, rappelle que le prince Eugène participa à la campagne d'Égypte.

Ci-contre.
Attenante au salon de musique et au boudoir turc, la salle de bains du prince Eugène surprend ici, et séduit par son pavement de marbres polychromes aux motifs aquatiques sur le thème de l'enlèvement d'Europe, ses jeux de miroirs et ses fines colonnettes. En homme raffiné, le prince aimait à se détendre dans sa baignoire de zinc aux robinets à cols de cygne.

Ci-dessous.
Intime et élégant, le boudoir à la turque est orné de frises de turqueries aux scènes de marchés d'esclaves, de harems et de hammams, mises à la mode sous le Directoire, par un fameux ambassadeur oriental, Esseid Ali Effendi.

HÔTEL DE BEAUHARNAIS / **ALLEMAGNE**

ACQUISITION	RÉSIDENCE	FÊTE NATIONALE
1818	78, rue de Lille VIIe	3 octobre, jour de l'unité allemande

Martiale et romantique fut la Prusse, avant de s'abandonner en 1870 à l'étreinte avec l'Allemagne. Au jeune royaume né de son sein, elle léguait le passé de ses ambassadeurs dont certains avaient été maîtres espions et d'autres joueurs impénitents. La Prusse, désormais allemande, possédait à Paris un joyau inestimable. Frédéric-Guillaume III avait particulièrement apprécié le palais qui lui avait été confié pour son séjour en 1814 ; après Waterloo et la saisie des biens de la famille de l'Empereur, il avait souhaité y séjourner à nouveau et l'avait alors officiellement loué pour sa légation. Le 6 février 1818, le roi de Prusse brisait sa cassette personnelle pour acquérir le palais du prince Eugène de Beauharnais, et permettait ainsi à la légation prussienne de s'implanter de façon définitive en bordure de Seine.

La résidence de l'ambassadeur d'Allemagne est un ravissement. Tout y est harmonie, splendeur et raffinement. L'impératrice Joséphine et sa fille Hortense avaient été les inspiratrices des lieux, mettant au goût du jour l'œuvre de Boffrand. À l'étage, le salon des Quatre Saisons, le salon de musique, les chambres et les boudoirs illustrent un style Empire, encore emprunt de la grâce du XVIIIe siècle. Si l'authenticité du décor est préservée, la présence allemande est toutefois manifeste. Le « bureau de Bismarck » évoque la figure emblématique de l'unité allemande et la mémoire de celui qui fut ambassadeur de Prusse à Paris en 1862. Dans le salon rose, les portraits de Wagner et de Cosima rappellent qu'à l'invitation de la comtesse Albert de Pourtalès, le compositeur vint s'y reposer après la représentation du *Tannhäuser*, au cours de l'été 1861. Depuis sa fenêtre, apercevant les cygnes d'Australie, il aura rédigé un *Albumblatt*, dédié à ses hôtes : « L'arrivée chez les cygnes noirs ». « Je suis considéré comme faisant partie de la famille, et je sens un bien-être passager à cause du silence agréable de cette maison », confiait-il à Malwida von Meysenbug.

HÔTEL D'ESTRÉES ET AMBASSADE / RUSSIE

ACQUISITION
Hôtel d'Estrées : 1863
Ambassade : édifiée entre 1973 et 1976

RÉSIDENCE
79, rue de Grenelle VIIe
AMBASSADE
40-50, boulevard Lannes XVIe

FÊTE NATIONALE
12 juin, jour de l'indépendance

En 1863, l'ambassadeur de l'empire des Tsars auprès de Napoléon III, le baron de Budberg, signait, pour le compte d'Alexandre II, l'acte d'achat de l'hôtel d'Estrées. Des travaux étaient alors entrepris pour remettre en état la demeure édifiée par Robert de Cotte. L'esprit d'équilibre cher au Grand Siècle, tout en laissant déjà apparaître les délicatesses et les raffinements du XVIIIe siècle, y fut soigneusement préservé, et en peu de temps la résidence se tint prête pour recevoir les visites impériales. En 1867, Alexandre II visite l'Exposition universelle et, en octobre 1896, le dernier empereur de toutes les Russies, Nicolas II, accompagné de l'impératrice Alexandra Fedorovna séjournent rue de Grenelle.

La Révolution de 1917 met une première fois entre parenthèses ces fastes diplomatiques. Fin 1924, le gouvernement Herriot rétablit les relations diplomatiques avec l'URSS et Leonid Krassine est accrédité auprès de Gaston Doumergue. L'hôtel d'Estrées recouvre alors son rôle d'ambassade. Les ambassadeurs s'y succèdent, préparant une période de détente. Prokofiev, encore peu connu du public parisien, est l'habitué des soirées de l'ambassade. Georges Mandel assiste aux concerts en compagnie du baron Maurice de Rothschild, les invités défilent sous le portrait de Staline…

L'Occupation puis la guerre froide ouvrent une nouvelle période de silence pour l'hôtel d'Estrées qui ne laisse plus rien transparaître à l'extérieur. Signe annonciateur des temps nouveaux, entre 1980 et 1981, plus de deux cents restaurateurs venus de Russie effectuent des travaux d'embellissement. Les boiseries, le mobilier de style Louis XV, les pièces d'orfèvrerie, les tapisseries et les tapis de la Savonnerie ont, dès lors, retrouvé toute leur solennité.

Ci-dessus. Résidence. Salon rouge (ou salle du trône) meublé dans le style Louis XV du second Empire : consoles Boulle, candélabres, cheminée en granit rouge, scènes galantes dans l'esprit de Lancret en dessus-de-porte.

Ci-contre. Résidence. En façade, auvent de fer forgé blanc et ouvragé.

Ci-dessus, à droite. Ambassade, salle de concert dont les murs sont modulés par des prismes irréguliers dus au sculpteur français Michel Deverne.

Ci-contre.
Dans le fumoir, on aperçoit Philippe II peint par Pantoja de La Cruz (1553-1608), ainsi que le portrait d'Isabelle Claire d'Anjou, fille de Philippe II et d'Isabelle de Valois, par le peintre italien Sofonisba Anguisciola (1532-1625) et celui d'un infant surmonte un cabinet de voyage ou bargueño du XVIIe siècle.

Ci-dessous.
La salle à manger. L'insertion des tapisseries dans les encadrements de stucs et de pilastres adossés, dévoile la collaboration de José María Sert au projet décoratif de l'ambassade. Les six tapisseries racontent les épisodes de don Quichotte.

Vignette.
Détail d'une tapisserie : Sancho Pança, imaginatif et fidèle écuyer de don Quichotte.

HÔTEL BERTHIER DE WAGRAM / **ESPAGNE**

ACQUISITION
1920

RÉSIDENCE
(Berthier) 15, avenue George-V, VIIIe
AMBASSADE
22, avenue Marceau VIIIe

FÊTE NATIONALE
12 octobre, jour de l'hispanité

Le 6 novembre 1920, don José Quiñones de León, ambassadeur et proche du roi Alphonse XIII, signe l'acte d'achat de l'hôtel Berthier de Wagram. En 1992, la nouvelle chancellerie, ouvrant sur l'avenue Marceau, était inaugurée côté jardin. L'hôtel constitue un ensemble rare, fastueux et royal. Alphonse XIII souhaitait que son ambassade fut à l'image de son pays : pour les travaux d'embellissement, Quiñones s'entoura de l'architecte Destailleur, du sculpteur Benlliure et de son ami décorateur et peintre José María Sert. Le décor et les collections illustrent l'alliance des deux nations latines. L'esprit des fêtes à panache de la Belle Époque y est savamment tempéré. L'architecture classique est française, de même que le mobilier. L'ornementation est d'une opulence louis-quatorzième — pilastres corinthiens, stucs dorés et blancs, cheminées de marbre coloré. Certains meubles sont du XVIIIe français. Tout le reste est espagnol : tableaux, tapisseries, tapis. Le musée du Prado, les collections royales et la fabrique royale des tapisseries ont mis en dépôt dès 1923 un nombre impressionnant de chefs-d'œuvre. Les lustres de cristal, copies fidèles de modèles du XVIIIe siècle, proviennent pour certains de la manufacture de la Granja, d'autres de la maison Baguès à Paris ; les tapis, confectionnés pour l'ambassade, en portent aussi la marque. Le grand salon est orné de quatre tapisseries exceptionnelles. Exécutées en 1794 par la manufacture royale de Santa Barbara à Madrid, d'après des cartons de Goya, elles ont pour thème la vie madrilène. Dans la salle à manger se déroule, dans des encadrements de lambris de marbres noir, blanc et rose, la tenture de l'histoire de don Quichotte, exécutée à partir de 1744, elle aussi à Madrid. Tissées par l'atelier flamand des frères Van der Goten, d'après des cartons de l'Italien Procaccini, les six tapisseries racontent les multiples épisodes du téméraire don Quichotte de la Manche, fidèlement inspirés du récit de Cervantès.

HÔTEL D'AVARAY /
PAYS-BAS

ACQUISITION
1920

RÉSIDENCE
85, rue de Grenelle VIIe

FÊTE NATIONALE
30 avril, fête de la reine

À peine achevé, l'hôtel d'Avaray était loué à l'ambassadeur d'Angleterre, Horace Walpole, moins célèbre que son frère Robert, ministre du roi George II, que son neveu Horace, littérateur, et que son fils Horace, hôte brillant des salons parisiens et galant ami de la marquise du Deffand. La construction de la demeure, une commande du marquis d'Avaray à l'architecte Le Roux, avait débuté autour de 1720 dans ce coin de la rive gauche alors en pleine effervescence. Le marquis, souvent retenu à l'étranger par ses fonctions diplomatiques, rentabilisait ainsi sa nouvelle demeure. Après le départ de Walpole en 1727, le propriétaire reprit possession de son hôtel et, fait rare dans l'histoire des demeures, ses descendants y résidèrent sans discontinuité pendant plus de deux cents ans, jusqu'à sa vente au gouvernement des Pays-Bas, le 5 avril 1920. Tout d'abord légation, puis ambassade, l'hôtel est, depuis la construction en 1973 de la nouvelle chancellerie rue Éblé, uniquement réservé à la résidence. Si la distribution intérieure, transformée à plusieurs reprises, n'est plus celle du XVIIIe siècle, l'hôtel garde néanmoins l'élégance de l'époque Régence : peu de saillies, peu d'ornements architecturaux, une élévation simple et lisible, et à l'intérieur, non pas une enfilade de salons mais des pièces plus intimes. On y retrouve le grand escalier d'honneur à deux volées. Les Pays-Bas ont choisi d'évoquer leur histoire par des œuvres des plus grands peintres des écoles du Nord, dont certaines sont des prêts du Rijksmuseum : un portrait du prince d'Orange, des paysages de Lingelbach, Maes ou Van Hugtenburg, des marines des Van de Velde et de Van Ruisdael. Des Bleus de Delft, des Imari de la Compagnie des Indes ornent des salons… La salle à manger, magnifiquement restaurée, met en valeur les lourdes tapisseries flamandes. Sur la façade sud, sont inscrites au fronton triangulaire chargé d'un cartouche feuillagé, les initiales « B. A. » d'une famille si longtemps unie au destin de la demeure. À l'opposé, le portail ouvrant sur la rue de Grenelle, est marqué du Lion de Nassau et le tympan frappé de la devise familiale « Je maintiendrai ».

Ci-dessus.
Au fond du jardin, un jeune homme chevauchant un triton, rappelle que cette nation fut aussi celle d'un peuple de navigateurs.

Ci-dessus, à droite.
Détail des boiseries Régence du bureau.

Ci-contre.
Le grand salon. Boiseries et trophées aux instruments de musique.

Vignette.
Détail d'un bronze du bureau Louis XV.

Ci-contre.
La salle à manger, au mobilier de style Louis XVI, est ornée de six fresques représentant des scènes champêtres sur les thèmes des arts et des sciences, d'un lustre en cristal et bronze, et d'un tapis d'Arraiolos.

Ci-dessous.
Coupe de Sèvres offerte par l'Empereur à l'archichancelier Cambacérès à l'occasion du mariage de la princesse Stéphanie Napoléon avec le prince de Bade.

En-bas.
Au mur du salon oval, compositions florales dans le goût de celles du grand salon attribuées à Anne Vallayer-Coster (1744-1818), professeur de dessin de Marie-Antoinette et qui faisait l'admiration de Diderot.

HÔTEL DE LÉVIS / **PORTUGAL**

ACQUISITION
1936

RÉSIDENCE
ET CHANCELLERIE
3, rue de Noisiel XVIᵉ

FÊTE NATIONALE
10 juin,
mort du poète Luis de Camões

Enivré par l'or du Brésil qui coulait dans ses veines, le Portugal impérial et puissant resplendissait d'un éclat magnifique sous le règne de Jean V. À partir de 1714, le deuxième comte de Ribeira Grande, José Rodrigo da Câmara, l'un des trois représentants ayant alors le titre d'ambassadeur à Paris auprès de Louis XIV, répondait à la politique de magnificence de son roi, en son hôtel de Bretonvilliers, sur l'île Saint-Louis. La communion entre les deux pays perdura à travers les siècles. Elle fut charnelle lorsque la belle Adélaïde de Filleul, comtesse de Flahaut, ancienne maîtresse de Talleyrand, épousa le comte José Maria de Sousa Botelho, culturelle lorsque cet ambassadeur et homme de lettres, qui représenta pendant plus de trente ans le Portugal, fit traduire les œuvres de Camões en français. Armando da Gama Ochôa, proche de Salazar, fut depuis Paris l'ardent défenseur des liens unissant la France et le Portugal (1926-1940). Il fut le premier occupant de la résidence portugaise en l'hôtel de Lévis. En 1936, l'État du Portugal se portait acquéreur de ce palais construit en 1908 par le cabinet d'architecture d'Henri Parent. Si certains bureaux ont aujourd'hui investi les espaces des bâtiments sur cour, si d'autres ont été aménagés jusqu'aux étages de la demeure, les salons de réception sont réservés aux besoins de la résidence. Des collections du mobilier national du Portugal sont venues rehausser la beauté des lieux, ainsi qu'un très bel ensemble mobilier estampillé Jacob, tapissé des *Fables* de La Fontaine à Aubusson. Ici et là, du mobilier indo-européen, des porcelaines de Saxe, de Chine et du Japon, notamment une paire de jarres en porcelaine du Japon, dites Imari, du XVIIIᵉ siècle. Des panneaux ornés de motifs pompéiens, autrefois la parure d'un palais princier du Portugal, ont été réintégrés dans les boiseries.

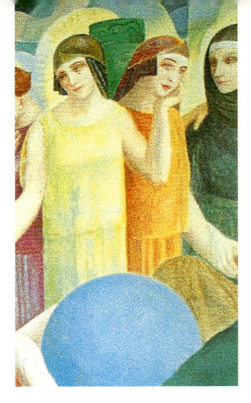

HÔTEL DE LUYNES ET AMBASSADE / **MEXIQUE**

ACQUISITION
1926

RÉSIDENCE
(Luynes) 20, av. du Psdt-Wilson XVIᵉ
AMBASSADE
9, rue de Longchamp XVIᵉ

FÊTE NATIONALE
16 septembre, jour de l'indépendance

En 1831, la France et le Mexique nouvellement indépendant procédaient à l'échange de représentants diplomatiques. En 1835, le Mexique entretenait une légation à Paris. Mais il fallut attendre le 8 décembre 1926 pour que le président Plutarco Elías Calles se porte acquéreur de l'ancien hôtel de Luynes et de Chevreuse pour y établir de façon permanente la résidence de son chef de mission.

Édifié en 1882, l'hôtel de Luynes comportait plusieurs avantages : une localisation centrale, des espaces conséquents et une distribution bien conçue pouvant aisément se plier aux exigences d'une représentation diplomatique. L'acte d'achat de la demeure comprenait aussi un terrain adjacent offrant un accès depuis la rue de Longchamp, ouvrant la possibilité d'édifier la chancellerie à proximité. Ce qui fut réalisé aussitôt, selon les plans de l'architecte André Durand, qui dessina aussi le mobilier. Les arts décoratifs triomphaient alors à Paris. Alberto Pani, ministre plénipotentiaire, sous la dictée de ce souffle nouveau, conduisit l'ensemble du programme d'aménagement de la décoration intérieure des deux immeubles diplomatiques. Pour la salle des fêtes de la résidence, il commanda au peintre muraliste Angel Zárraga une suite décorative illustrant l'histoire du pays et de ses relations avec l'Amérique et la France, dans le contexte de paix issu de la Société des Nations. Quatre allégories principales devaient se répartir sur les douze panneaux aux couleurs franches et vives : « L'origine du Mexique », « Les troubles qui ont été la conséquence naturelle de son développement », « Son amitié pour la France », « Ses aspirations de progrès national et de fraternité universelle ». À l'égal des trois grands maîtres muralistes, Orozco, Riveira et Siqueiros, Zárraga puisait dans la tradition séculaire des peintures murales nationales pour conduire son œuvre vers la modernité.

Vignette.
Résidence, grand salon.
Angel Zárraga (1886-1946),
Amaos los unos a los otros, 1927.
Détail. Cette œuvre est le point
d'orgue du programme décoratif
de la demeure, constitué de
douze toiles du peintre muraliste.

Ci-contre.
Résidence, escalier principal.
Parmi les collections
de la demeure, une œuvre de
Zárraga et une descente de croix
du Baroque sud-américain.

Ci-dessous.
Chancellerie, escalier central.
À l'époque où le gouvernement
mexicain engageait ses travaux,
les arts décoratifs triomphaient à
Paris (l'Exposition internationale
des arts décoratifs, ouvre ses portes
au printemps 1925, au Trocadéro).
Alberto Pani, ministre
plénipotentiaire, sous la dictée
de ce souffle nouveau, conduisit
l'ensemble du programme
d'aménagement
de la décoration intérieure.

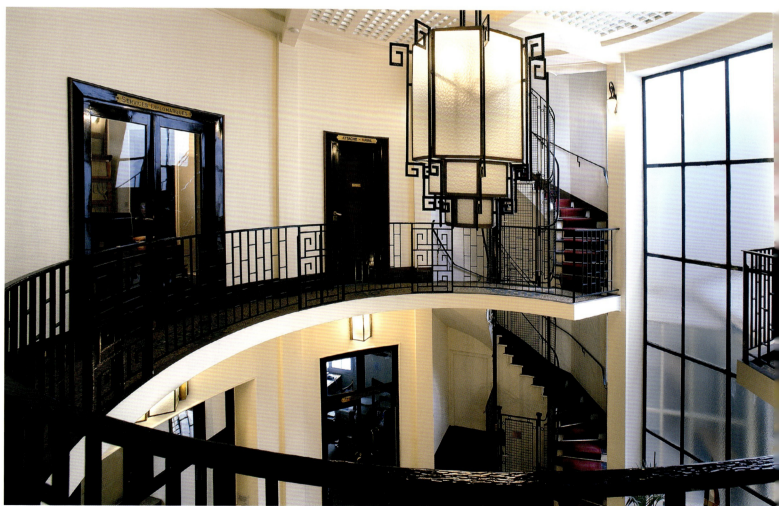

Ci-contre.
Escalier et loggia, par l'architecte Paul-Ernest Sanson (1836-1918).

Ci-dessous.
Le grand salon conserve bien des merveilles : un tapis Kirman d'une dimension exceptionnelle parsemé de cyprès, Botehs, fontaines stylisées dans un décor de rinceaux et d'entrelacs fleuris ; une paire de grands vases de Sèvres en porcelaine turquoise aux anses à volutes et larges feuilles d'acanthe ; une rare collection de biscuits de Sèvres ; et, tel un trésor étincelant, un ensemble de plats, coupes et aiguières en argent.

HÔTEL EPHRUSSI / ÉGYPTE

ACQUISITION
1928

RÉSIDENCE
2, place des États-Unis XVIe

FÊTE NATIONALE
23 juillet, jour de la révolution de 1952

En 1922, l'Égypte retrouvait sa souveraineté. En 1928, lors d'une visite officielle, le roi Fouad Ier faisait l'acquisition de l'hôtel Ephrussi. La mission du premier ambassadeur d'Égypte à Paris, Mahmoud Fakhry Pacha, s'étendit sur plus de vingt ans, au cours desquels les principales œuvres d'art de la collection de la résidence furent acquises. L'écrivain André de Fouquières se souvient (*Cinquante ans de panache*, 1951) des réceptions de l'ambassade, toutes droites sorties des *Mille et Une Nuits* dans le palais parisien de la Belle Époque, et du rayonnement particulier de l'ambassade d'Égypte auprès de la société diplomatique d'alors, recevant les chefs d'État, les diplomates, les artistes. C'est aussi à cette époque que l'Égypte achète l'hôtel de La Rochefoucauld, désormais réservé à la résidence. Un sous-terrain, aujourd'hui condamné, reliait la résidence à l'ambassade pendant la dernière guerre.

L'hôtel Ephrussi a été édifié à partir du printemps 1886, sous le contrôle d'Ernest Sanson et de son commanditaire le banquier Jules Ephrussi. L'auteur du célèbre Palais rose, de l'hôtel de La Trémoille (ambassade de Serbie) et de l'hôtel de Breteuil (ambassade d'Irlande), entreprit un édifice d'allure classique, où l'on retrouve son élégance et son originalité. De part et d'autre de l'escalier d'honneur, se trouvent la porte cochère au bel arrondi concave et les anciennes écuries avec leurs stalles toujours en place. La disposition d'origine et les décors de Sanson ont été préservés par le gouvernement égyptien. Le grand salon ouvrant sur l'avenue d'Iéna, la salle des fêtes et le charmant petit salon au décor raffiné de style néo-classique se sont enrichis, au fil des années et des ambassadeurs, de mobilier et d'objets de collection. Au détour du salon, le regard se pose sur une très belle œuvre de l'orientaliste égyptien Mahmoud Saïd. Au premier étage est aménagée la chambre officielle du roi Farouk. Tous les présidents égyptiens en visite officielle à Paris, à l'exception de Nasser, ont séjourné à l'hôtel Ephrussi.

HÔTEL DE LA TOUR D'AUVERGNE / **CHILI**

ACQUISITION
1929

RÉSIDENCE ET CHANCELLERIE
2, avenue de la Motte-Picquet VIIe

FÊTE NATIONALE
18 septembre, jour de l'indépendance

La signature de l'acte d'achat de l'hôtel de la Tour d'Auvergne, le 28 janvier 1929, par l'État chilien représenté par son ministre plénipotentiaire Arturo Alemparte, ouvrait une nouvelle page de l'histoire de la légation puis de l'ambassade du Chili à Paris. Lorsque le prince Henri de La Tour d'Auvergne confiait, en 1907, la construction de son hôtel à l'architecte René Sergent (1865-1927), l'apport de sa richissime épouse, née Élisabeth Berthier de Wagram et descendante du maréchal Berthier, apparentée aux Wittelsbach et donc à l'impératrice Élisabeth d'Autriche et à son cousin Louis II de Bavière, arriva à point nommé pour son financement. Sergent, quant à lui, possédait déjà une solide renommée internationale auprès de l'aristocratie et de la nouvelle bourgeoisie financière. Il travaillait à New York, Londres et Buenos Aires. Collaborateur d'Ernest Sanson, dont il fut l'interprète novateur, il réalisa l'hôtel Camondo au parc Monceau, celui des frères Duveen place Vendôme, ou encore les hôtels Marlborough, Mahieu, Worth, Hersent, le château de Voisins, le Trianon palace à Versailles... Dans ce décor classicisant, un rien grandiloquent, quasi proustien, les époux de La Tour d'Auvergne menèrent un train de vie fastueux. La maîtresse de maison accueillait ses hôtes en haut du grand escalier d'honneur illuminé de flambeaux et surplombé d'une loggia à double colonnade. Sa demeure fut l'un des foyers les plus brillants de la Belle Époque, qui n'eût pas déplu à Visconti. La guerre eut raison des fêtes à panache. Le prince décéda à son domicile le 29 juillet 1914. L'hôtel fut loué quelques années à l'ambassadeur des États-Unis Myron Herrick, avant d'être vendu à l'État chilien. Le poète Pablo Neruda, prix Nobel de littérature, y fut accueilli. En 2009, le Chili compte quatre-vingts années aux abords de l'esplanade des Invalides.

Vignette.
Détail de l'une des quatre tapisseries du grand salon sur le thème des *Fables* de La Fontaine (« Les animaux malades de la peste »), d'après des cartons de Jean-Baptiste Oudry.

Ci-contre, à droite.
L'escalier de service, où l'on retrouve l'élégance des courbes de l'architecte Paul-Ernest Sanson.

Ci-dessous, à gauche.
Dans le grand escalier de Sergent, un marbre de l'ancienne collection du prince de La Tour d'Auvergne.

Ci-dessous, à droite.
La salle à manger d'apparat est ornée de boiseries célèbres du XVIIIe siècle, installées ici en 1907 et provenant de l'hôtel Crillon. Quatre statues placées dans des niches s'accordent à ce décor de pampres, grappes et médaillons des boiseries (femmes porteuses de cornes d'abondance). L'ensemble est classé monument historique.

Ci-dessus.
Hôtel de Pontalba.
Le jardin s'étend sur près d'un hectare, depuis l'hôtel jusqu'à l'avenue Gabriel. Il accueille chaque 4 juillet, plus de deux mille invités. Redessiné par l'architecte paysagiste Christine Wertz, il contient plus de cent cinquante variétés de plantes et d'arbres.

Ci-contre.
Hôtel de Pontalba.
Portrait équestre de George Washington, par Robert Princeteau, commandé en 1876 par la ville de Philadelphie à l'occasion du premier centenaire des États-Unis d'Amérique (don de l'ambassadeur Watson).

Vignette.
Hôtel de Pontalba.
Détail de l'un des panneaux de laque du salon Pontalba, récemment retrouvés et remis en place par les services du patrimoine diplomatique des États-Unis.

HÔTELS GRIMOD DE LA REYNIÈRE, DE PONTALBA ET DE TALLEYRAND / ÉTATS-UNIS

ACQUISITION
Hôtel Grimod de La Reynière : 1928
Hôtel de Pontalba : 1948
Hôtel de Talleyrand : 1950

AMBASSADE
(Grimod de La Reynière)
2-4, avenue Gabriel VIIIe

RÉSIDENCE
(Pontalba) 41, rue du Fbg-St-Honoré VIIIe

ANCIEN CONSULAT
(Talleyrand) 2, rue Saint-Florentin Ier

FÊTE NATIONALE
4 juillet, déclaration d'Indépendance

Place de la Concorde, l'ambassade et le consulat des États-Unis constituent un ensemble diplomatique de première importance. L'ambassadeur Myron Herrick signa en 1928 l'acte d'acquisition de l'hôtel Grimod de La Reynière, situé à l'angle de la rue Boissy d'Anglas et de l'avenue Gabriel. Entre 1931 et 1933, les États-Unis édifièrent un nouvel édifice sur l'emplacement de la demeure du célèbre gastronome. Les premiers coups de pioche soulevèrent quelques craintes chez les Parisiens, soucieux de préserver l'harmonie du site. Les architectes Delano et Laloux alignèrent leur dessin sur celui de l'ordonnance de Gabriel et appliquèrent les servitudes issues des décrets destinés à en protéger la physionomie. La nouvelle façade de l'ambassade imitait celle de l'hôtel de Talleyrand, situé à l'autre extrémité de la place de la Concorde et qui a abrité le consulat de 1950 à 2008. Édifié par Chalgrin à partir de 1767, l'hôtel de Saint-Florentin passa successivement de mains en mains jusqu'en 1812 : grâce aux largesses de Napoléon, Charles-Maurice de Talleyrand-Périgord, ex-évêque d'Autun, prince de Bénévent, en prit possession. Le 14 novembre 1950, une transaction permettait l'achat de l'hôtel par le gouvernement des États-Unis, alors que l'administration dédiée à la mise en place du plan Marshall y était déjà établie. C'est ainsi qu'entre 1948 et 1955, l'hôtel de Talleyrand servit de cadre à l'amitié franco-américaine. En 1980, le Congrès donnait son aval pour la plus importante campagne de rénovation menée hors du pays. Les travaux étaient effectués sous la conduite de l'architecte américain Jacobsen et de son consultant français Robert Carlhian. Vingt ans après, une campagne de restauration des pièces nobles était entreprise, pour s'achever en 2009. Début 2009, le consulat était finalement transféré au 4, avenue Gabriel. L'hôtel de Talleyrand, toujours patrimoine diplomatique américain à Paris, accueille les bureaux d'un organisme extérieur. Les réceptions officielles de l'ambassade continuent d'avoir lieu dans les salons du centre George C. Marshall, au deuxième étage.

Depuis 1948, l'hôtel de Pontalba est également devenu le lieu privilégié où s'affirme l'amitié franco-américaine. Après avoir abrité les services américains d'informations et de relations culturelles, il fut décidé en 1966 de le réserver à la résidence. Après d'importants travaux, l'ambassadeur des États-Unis pouvait, en janvier 1972, s'y installer. La chambre du président sur jardin est réservée au couple présidentiel, la chambre Franklin et la bibliothèque Jefferson sont à la mémoire des deux premiers ambassadeurs des États-Unis à Paris.

Ci-dessous.
· Hôtel de Talleyrand, détail de passementerie.
· Hôtel de Pontalba, façade côté jardin, un soir de grande réception.

Ci-contre.
Hôtel de Pontalba, salon Samuel Bernard. Maurice de Rothschild, avant de quitter sa demeure, fit don des boiseries du salon provenant de l'hôtel de Samuel Bernard au musée Bézalel de Jérusalem. Le gouvernement des États-Unis et un comité de mécènes rassemblèrent les fonds nécessaires pour l'achat de mobilier et d'objets d'art. Sur la cheminée, une très belle pendule à l'éléphant d'époque Louis XV, dont le mouvement est signé Julien Le Roy.

Ci-dessous.
Hôtel de Pontalba, façade sur jardin.

HÔTEL DE LA MARCK /
BELGIQUE

ACQUISITION
1935

RÉSIDENCE
25, rue de Surène VIIIe

FÊTE NATIONALE
21 juillet, serment du roi Léopold Ier

La jeune Belgique, proclamée indépendante en 1831, dépêcha aussitôt un envoyé extraordinaire et ministre plénipotentiaire à Paris, en la personne de Charles Le Hon. Celui-ci s'établit chaussée d'Antin, un quartier alors flambant neuf ; son épouse y avait hérité d'une élégante demeure où vécu Juliette Récamier. Léopold Ier accrédita ensuite le prince de Ligne auprès de la Cour des Tuileries. Eugène Beyens lui succéda et devait rester en poste à Paris pendant plus de trente ans. Cette longévité n'entraîna pourtant pas encore la permanence d'une adresse et l'errance diplomatique de la Belgique ne prit fin qu'en 1935, avec l'achat de l'hôtel de La Marck, sur une proposition de l'ambassadeur André de Kerchove de Dentergem. En 1954, la chancellerie était transférée dans l'un des prestigieux hôtels des Maréchaux qui ceinturent la place de l'Étoile, réservant ainsi l'hôtel de la rue de Surène à la résidence.

Lorsque la demeure fut édifiée en 1760, ce quartier de la capitale ne cessait de s'embellir. Gabriel ouvrait la place de la Concorde, les Champs-Élysées étaient replantés, les travaux de la Madeleine entrepris à partir de 1764. L'hôtel de La Marck vint s'insérer dans une concentration d'hôtels récents : les hôtels d'Evreux, de Charost, de Marbeuf, prenaient le pas sur les potagers. Le général de La Fayette, l'un de ses plus illustres occupants, l'acquit en 1775. De reventes en successions, l'hôtel passa en 1859 à Charles-Joseph de Mercy-Argenteau, né à Bruxelles, chambellan du roi des Pays-Bas. En 1916, l'hôtel de La Marck fut la propriété d'un ambassadeur suédois, le baron de Wedel Jarlsberg, avant d'être acquis par la Belgique à laquellle il était sans doute destiné. Aujourd'hui, à quelques pas de l'église de la Madeleine, dans l'ancien quartier de la Ville-l'Évêque, la Belgique manifeste sa présence par le charme et l'accueil chaleureux de son ambassadrice, Mme de La Kéthulle de Ryhove.

Ci-contre.
La suite des salons du rez-de-chaussée, aux élégantes boiseries, sert d'écrin à une collection de tableaux : ici un bouquet de fleurs par Faes (1750-1814), plus loin un rare portrait masculin par Maes (1632-1693). Le cabinet de curiosités constitué par l'épouse de Louis-Englebert de La Marck a disparu, mais la résidence conserve toujours une rare collection de pendules signées Baillon (salon chinois), Barbier le Jeune (salle à manger), ou encore Lepautre (galerie sur cour). Dans la galerie, un portrait de *Maria Magdalena Van Baerlant* (1665), épouse du comte de Rupelmonde, par Thys, fait partie de la collection personnelle de l'ambassadeur et le suit à travers le monde, dans ses différents postes.

Ci-dessous, à gauche.
Dans le salon chinois, « Le retour de chasse », un des quatre panneaux attribués au peintre Jean-Baptiste Huet.

Ci-dessous, à droite.
Façade sur jardin de l'hôtel de La Mark, à quelques pas de la bruyante place de la Madeleine.

Ci-dessus.
Classée monument historique, cette tapisserie des Gobelins, dite « Le dédain de Mardochée », représente Mardochée refusant de se prosterner devant le ministre Aman. Un autre exemplaire du même ouvrage orne la salle des fêtes du palais de l'Élysée.

Ci-contre.
La salle à manger conserve un ensemble de boiseries rocaille du XVIIe siècle, chefs-d'œuvre de Gilles-Marie Oppenord. Ici, une composition de stuc et de bois doré représente deux grands trophées de chasse sur lesquels se dresse un chêne élancé garni de carquois, d'arcs et de flèches, d'un cor, de trompes de chasse, de boîtes à poudre et d'une épée. Contre l'arbre est dessiné un fusil grandeur nature. Une perdrix, un lièvre, un chien d'arrêt prêt à saisir le gibier sont d'un réalisme saisissant. Sur les côtés, des Renommées et des Victoires, coiffées de dais et ornées de gracieuses arabesques, sonnent la gloire et la récompense de leur maître.

HÔTEL DE LA TRÉMOILLE / **SERBIE**

ACQUISITION	RÉSIDENCE	FÊTE NATIONALE
1936	1, boulevard Delessert XVIe	16 février

Pilier des Balkans, la Serbie possède à Paris, pour la résidence de son ambassadeur, l'un des plus beaux palais de la Belle Époque situé sur les hauteurs de la colline de Chaillot. Lorsque le duc de La Trémoille, député de la Gironde, et son épouse née Pillet-Will, héritière de la propriété du grand cru de château Margaux, décidèrent de se faire bâtir une demeure dans ce coin encore excentré de la capitale, leurs contemporains s'en étonnèrent. L'œuvre d'Ernest Sanson et de son fils Maurice fut néanmoins très admirée dès son achèvement en 1920. Des travaux colossaux de terrassement permirent à l'édifice toujours en place de voir le jour : un palais aux lignes simples et amples, confortable et élégant, merveilleusement agrémenté d'une terrasse bordée d'une balustrade d'où l'on ne se lasse pas de contempler, depuis les fenêtres en arcades du grand salon, les dernières frondaisons du Trocadéro glissant jusqu'à la Seine.

Le palais a été acquis par le régent Paul en 1936 pour l'ambassade du royaume de Yougoslavie, anciennement royaume des Serbes, Croates et Slovènes. Il conserve toujours l'un des plus extraordinaires ensemble de boiseries rocaille. Ces chefs-d'œuvre de l'architecte Oppenord (1676-1742), connu pour ses talents de dessinateur d'ornements, décoraient autrefois les salons de l'hôtel de Pomponne, détruit depuis, et ont été remontés peu avant la Première Guerre mondiale dans la salle à manger du nouvel hôtel de La Trémoille. Le premier ambassadeur à résider en ces lieux fut Bojidar Pouritch (1936-1940), l'artisan de la Petite Entente. Le président Tito y descendit lorsqu'il vint à Paris, et son ambassadeur Marko Ristitch fut chargé de réouvrir les lieux en 1945. Elsa Triolet, Paul Eluard, André Breton, Marc Chagall et André Malraux étaient alors parmi les invités de l'ambassade. Aujourd'hui, l'ambassade de Serbie offre à ses visiteurs certaines années, lors des Journées du patrimoine, l'heureuse découverte d'un patrimoine longtemps caché, et reste le symbole d'une amitié séculaire entre Paris et Belgrade.

HÔTEL DE MONACO /
POLOGNE

ACQUISITION	RÉSIDENCE	FÊTES NATIONALES
1936	ET CHANCELLERIE	3 mai, proclamation de la Constitution
	57, rue Saint-Dominique VIIe	11 novembre, jour de l'indépendance

L'ambassade serait peut-être toujours sur la colline de Chaillot, en son hôtel du Cèdre, ancien siège de sa légation, si l'Exposition universelle de 1937 n'avait entraîné des bouleversements dans ce quartier. En dédommagement de l'expropriation de son ambassade, la Pologne reçut l'un des palais les plus admirés du faubourg Saint-Germain, du gouvernement français qui l'avait acquis via l'antiquaire Seligmann. Le jour de la fête nationale, un matin de mai 1936, en présence de toutes les associations regroupées autour de leurs fanions et d'officiers en uniforme assemblés autour de l'ambassadeur Chlapowski, les couleurs polonaises furent hissées au faîte de l'hôtel de Monaco. Après 1939, Paris devint à nouveau la capitale de la Pologne en exil et l'hôtel de Monaco son point de ralliement. L'une des premières démarches du gouvernement communiste, alors reconnu par la France, fut de demander la réintégration de son patrimoine diplomatique à Paris. L'ambassadeur Morawski, avant de se retirer, choisit de remettre les clés de l'ambassade au Quai d'Orsay. L'hôtel de Monaco se replia alors lentement sur lui-même. Les poètes Supervielle, Aragon et Milosz s'y retrouvèrent encore sur la terrasse du jardin, avant que la situation ne se durcisse. Sur l'île Saint-Louis, la bibliothèque polonaise rassemblait les milieux indépendants et défiait l'hôtel de Monaco considéré comme étranger. Rue Saint-Dominique, le personnel diplomatique, sous surveillance du NKVD, travaillait à l'ombre d'une grille de fer. Aux jours des grèves de Gdansk, les Polonais de Paris manifestaient leur colère devant une ambassade close et muette. En 1990, pour la première fois depuis quarante-six ans, un ambassadeur représentait un État choisi par les Polonais, et la République de Pologne était à nouveau souveraine. Sa tâche première fut l'entrée du pays dans l'Union européenne. Aujourd'hui, l'hôtel de Monaco témoigne d'une nouvelle confiance en l'avenir.

Ci-contre.
Un parquet à motifs
de marqueterie qui rappelle
ceux du château de Varsovie,
entièrement restauré
par des artisans polonais,
vient depuis quelques années
enrichir l'un des salons
du premier étage.

Ci-dessous.
Les plafonds d'un salon ornés
de tableaux rehaussés
d'encadrements et d'une
profusion de décors.
Ici Le Triomphe de Flore.

Ci-contre.
Enfilade de salons.

Ci-dessous.
Façade sur jardin. L'hôtel de Boisgelin jouit d'un jardin parmi les plus étendus de la capitale.

Vignette.
Détail d'un personnage du théâtre italien, peint sur le dossier d'une des quarante chaises de la salle à manger.

HÔTEL DE BOISGELIN /
ITALIE

ACQUISITION	RÉSIDENCE	FÊTE NATIONALE
1937	ET CHANCELLERIE	2 juin, proclamation de la République
	47, rue de Varenne VIIe	
	SERVICES CULTURELS	
	(hôtel de Galliffet) 73, rue de Grenelle VIIe	

Il y a de quoi s'émerveiller, en ce coin de la rue de Varenne où s'exprime le raffinement d'une culture florissante. Le 21 avril 1937, l'hôtel de Boisgelin ou de La Rochefoucauld-Doudeauville, du nom de ses plus illustres occupants, était vendu à la Caisse des dépôts et consignations. Dans le même temps, à la suite d'une convention signée avec le gouvernement italien et d'un échange de baux emphytéotiques, l'Italie recevait l'une des plus aristocratiques demeures du faubourg Saint-Germain tandis que le siège de l'ambassade de France à Rome intégrait le palais Farnèse. Dès 1938, la chancellerie quittait l'hôtel de Galliffet dont elle était locataire depuis 1894 et propriétaire depuis 1909. Le centre culturel y était néanmoins maintenu.

L'ordonnance classique de l'hôtel de Boisgelin s'apparente à celle de nombreux hôtels du faubourg Saint-Germain et pourtant, une note bien particulière, ultramontaine, a été apportée par l'Italie. L'ancienne demeure édifiée au XVIIIe siècle par Cartaud, admirée par Blondel, remaniée au XIXe siècle par Henri Parent dans le style Louis XV, était à nouveau agrandie et embellie au XXe siècle pour les besoins de la résidence et de la chancellerie. Les boiseries du château de Bercy, les décors créés pour les fêtes du duc de Bisaccia, l'escalier majestueux de Destailleur en marbre polychrome le long duquel sont enchâssées les trois tapisseries de l'histoire d'Esther, ont été conservés et rehaussés des splendeurs siciliennes et vénitiennes.

Pour un salon de plain-pied donnant sur le jardin, l'antiquaire vénitien Loewi imagina un théâtre sicilien réalisé avec des boiseries du palazzo Gangi à Palerme. Les parois sont garnies de boiseries où des personnages de la commedia dell'arte et de la mythologie, des scènes de bataille, des compositions rocaille alternent avec des jeux de miroirs.

HÔTEL DE ROUVRE /
CHINE

ACQUISITION	AMBASSADE	FÊTES NATIONALES
1946	11, avenue George-V, VIIIe	1er et 2 octobre, proclamation de la République populaire de Chine

Soudain révélée au milieu du XIXe siècle comme une source de richesses nouvelles, la Chine attirait une à une les puissances européennes qui y établissaient des comptoirs et des missions diplomatiques. En 1878, un ministre chinois était accrédité pour la première fois à Paris. Sa mission dura huit mois. Son successeur installa la première légation de l'empire de Chine à Paris sur notre actuelle avenue Kléber. Par la suite, la légation est avenue Hoche ; Sun Baoqi y fut ministre plénipotentiaire (1902-1905), avant de s'en retourner en Chine, où il devait être nommé Premier ministre. Dans les années 1920, la légation est rue de Babylone, juste à côté de la Pagode. En avril 1936, elle est élevée au rang d'ambassade. En janvier 1937, l'ambassade est transférée à l'hôtel de Rouvre. Loué pendant dix ans, l'hôtel particulier Belle Époque sera finalement acquis par l'État chinois en 1946.

Édifié par l'architecte Maurice Coulomb en 1893 pour la famille de Rouvre enrichie par l'exploitation sucrière, l'hôtel offre de beaux volumes et une allure classique. Malgré les secousses de l'histoire, les gouvernements chinois successifs ont pris soin d'en préserver la disposition d'origine : son escalier d'honneur éclairé d'une verrière, la distribution des salons d'apparat autour de la salle des fêtes, la tribune depuis laquelle un orchestre surplombait l'assemblée chatoyante. La Chine y accueille désormais ses hôtes officiels ainsi que les invités de la traditionnelle fête du Nouvel An. L'ameublement est occidental, ainsi que les boiseries des salons de réception, mais ce décor est rehaussé d'œuvres d'art venues d'Orient, dont certaines proviennent des anciennes collections de la Cité impériale. Conservées aujourd'hui à Paris, ces merveilles ne pourraient plus quitter la Chine, étant classées trésors nationaux.

Si une Chine moderne affirme aujourd'hui sa puissance sur la scène internationale, le visiteur d'un jour peut percevoir, avenue George-V, l'héritage d'une Chine millénaire en même temps que le destin d'une Chine éternelle.

Vignette.
Au fronton des écuries, dans la cour, un très beau haut-relief inspiré des « chevaux du soleil » de Robert Le Lorrain à l'hôtel de Rohan-Soubise.

Ci-dessus, à gauche.
Sur la cheminée du grand salon vert, une paire de vases de porcelaine bleu et blanc issus des collections impériales de la Cité interdite. Les fleurs de lotus symbolisent les huit voies de la sagesse du bouddhisme. Les boiseries du XVIIIe, couleur de jade vert tendre, ont été réintégrées dans ce palais Belle Époque par l'architecte Coulomb.

Ci-dessus, à droite.
En bas du grand escalier, un paravent dit « double bonheur », en marqueterie de pierres, jades et marbres fin XIXe, époque Qing. En haut, un tapis contemporain, intitulé « Cent fleurs s'épanouissent en même temps ».

Ci-contre.
Console à lire les manuscrits déroulants (époque Qing) et un vase Qianlong.

Ci-dessus, à gauche.
Le grand escalier de bois est le résultat d'un assemblage de rampes du XVIIIe siècle provenant du nord de l'Europe. Il menait aux appartements de la comtesse de Béarn, qui avait aussi aménagé un ascenseur, et fut mis en place par Gabriel-Hippolyte Destailleur, dans le « petit hôtel » de style Louis XV.

Ci-dessus, à droite.
Le Triomphe de Vénus, par François Boucher (1703-1770). Ce chef-d'œuvre de l'ancienne collection de Martine de Béhague, défiant les remous de l'histoire, s'intègre aux marbres polychromes de la salle à manger. Porté disparu pendant de longues années, il a été retrouvé intact après les mouvements populaires de 1989.

Ci-contre.
La bibliothèque ovale servit d'écrin pour la collection de livres rares du célèbre bibliophile Octave de Béhague, dont la vente aux enchères en 1877 fit sensation. Sa fille, Martine de Béhague, reconstitua une collection de livres aux reliures anciennes qu'elle confia à Paul Valéry. La bibliothèque est restée intacte, avec ses panneaux de bois précieux et ses portes délicatement sculptées. Au plafond est représentée Aurore, l'amie des muses, menant un char attelé et éloignant les nuages de la nuit.

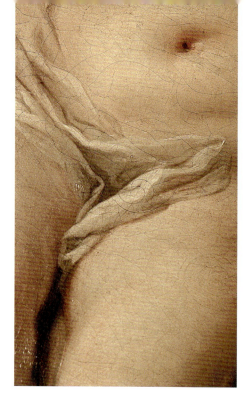

HÔTEL DE BÉHAGUE / **ROUMANIE**

ACQUISITION	RÉSIDENCE	FÊTE NATIONALE
1939	123, rue Saint-Dominique VIIe	1er décembre, rattachement de la Transylvanie à la Roumanie

Depuis le Quartier latin en 1848, les étudiants roumains, regroupés autour de Ghica et Rosetti, préparaient à Paris les mouvements des principautés. À l'issue du traité de Paris (1856), la Valachie et la Moldavie obtinrent d'être gouvernées par un même prince. Pendant près d'un demi-siècle, Carol Ier régna sur cette enclave de latinité au cœur de l'Europe. Une voie nouvelle pour les relations diplomatiques entre la Roumanie et la France s'ouvrait avec l'envoi auprès de Napoléon III, par le prince Cuza, du poète Vasile Alecsandri et du ministre Walewski. La légation établie à Paris, à partir de 1880, était élevée au niveau d'ambassade en 1938. Carol II, délaissant l'hôtel de Pomar, avenue de Wagram, fit acheter le 27 mars 1939 l'hôtel de Béhague, édifié par Gabriel-Hippolyte Destailleur, puis remanié par son fils Walter-André Destailleur, ainsi qu'une bonne partie de son mobilier, pour son ambassade à Paris.

L'ambassade de Roumanie, « l'un des plus beaux palais de notre ville » selon l'écrivain Henri de Régnier, fermée pendant de longues années, est restée telle qu'au temps de Martine de Béhague, comtesse de Béarn. Dans la salle à manger, où surgit une fontaine de Neptune à double vasque, a été retrouvée intacte, lors de la réouverture de l'ambassade qui a succédé aux mouvements populaires de 1989, un chef-d'œuvre de François Boucher, *Le Triomphe de Vénus*. Dans les salons de la résidence, une tradition musicale s'est maintenue jusqu'à nos jours. Seule modification apportée par l'État roumain pendant la période communiste : le théâtre a été remplacé en 1954 par une salle de concert. Durant trente ans, les réceptions de la comtesse de Béarn réunirent rue Saint-Dominique un cercle d'artistes et de gens de lettres : Rodin, Proust, Forain, Helleu, Paléologue, Cosima Wagner, Isadora Duncan, Gabriele d'Annunzio, Ida Rubinstein… La maîtresse des lieux invitait volontiers des compositeurs contemporains ; Gabriel Fauré, en habitué de la maison, y dirigea lui-même son *Requiem* avec un énorme succès.

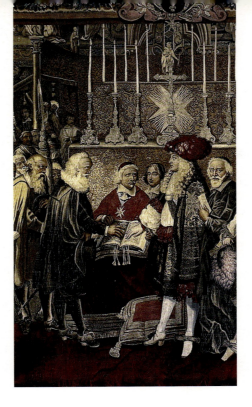

HÔTEL DE BESENVAL / SUISSE

ACQUISITION	RÉSIDENCE	FÊTE NATIONALE
1938	ET CHANCELLERIE	1ᵉʳ août,
	142, rue de Grenelle VIIᵉ	fête de la Confédération hélvétique

Indissociable de l'histoire de France, la présence suisse fut d'abord militaire : les gardes suisses avaient accompagné l'Ancien Régime jusqu'à sa fin. L'hôtel Chanac de Pompadour, acquis en 1938 par la Confédération helvétique, fut aussi celui du commandant des gardes suisses de Louis XVI. Depuis son installation à l'extrémité de la rue de Grenelle, l'ambassade suisse préserve avec soin ce bien précieux, et il est bien certain que le baron de Besenval ne serait pas surpris de retrouver sa demeure telle qu'il l'avait laissée à la veille de la Révolution. L'hôtel fut édifié en 1705 pour l'abbé Pierre Chanac de Pompadour par Delamair, maître d'œuvre de l'hôtel des Rohan. Pierre-Victor, baron de Besenval, Suisse originaire d'une famille du Val d'Aoste, lieutenant général des armées du roi, inspecteur général des gardes suisses et intime de Marie-Antoinette, en devint propriétaire en 1767. Sans modifier la disposition d'origine de son hôtel, il lui apporta son goût moderne, c'est-à-dire antiquisant, et demanda à Brongniart et Clodion la réalisation d'un nymphée souterrain. Il projetait de terminer ses jours aux côtés de sa famille dans son château de Waldegg, mais s'éteignit rue de Grenelle en 1794.

Dans le grand salon, suite à un accord passé entre la Suisse et le Mobilier national, *Le Serment du renouvellement d'alliance,* joyau de la tenture de l'Histoire du Roi, l'un des chefs-d'œuvre de la tapisserie des Gobelins, est venu s'insérer dans le décor d'origine. Tissée d'après les cartons de Charles Le Brun, la tapisserie illustre une page de l'histoire commune et symbolique entre la Suisse et la France et porte, en lettres d'argent, le serment d'amitié perpétuelle. Avec une éclatante solennité, le dimanche 18 novembre 1663, dans le chœur de Notre-Dame, les vingt ambassadeurs suisses, sous la conduite du bourgmestre Waser, l'un après l'autre prononcèrent le serment conclu par ces mots de Louis XIV : « Et moi aussi je le promets. »

Ci-contre.
Le jardin, cet espace protégé au cœur du VIIe arrondissement, a préservé sa taille et son ordonnance élégante. Ses lignes harmonieuses offre un prolongement naturel à la demeure. Les doubles colonnes de la façade, surmontées de chapiteaux corinthiens, ont la noblesse de l'équilibre. Sur des consoles reposent les bustes de Flore et de Pomone. Les masques des fenêtres, figures enturbannées aux cheveux ondulés, symbolisent les saisons.

Vignette et ci-dessous.
Dans le grand salon, la tapisserie représente *Le Serment du renouvellement d'alliance* (d'après des cartons de Charles Le Brun). Le roi Louis XIV, chapeauté de plumes, se tient face au chef de la délégation helvétique, le bourgmestre de Zurich, Hans Waser. Tous deux ont la main droite posée sur les Écritures que soutient le cardinal Barberini, grand aumônier de France.

En haut.
Une importante collection d'œuvres d'artistes contemporains bulgares travaillant à Paris, ou ayant été inspirés par la capitale, est exposée dans les salons de réception. Ici, dans un salon du premier étage, une œuvre de Nicolas Manev (né en 1940).

Ci-dessus.
Façade sur jardin. La chancellerie a été édifiée côté cour, sur la pointe extrême des avenues Rapp et Bosquet.

Ci-contre.
L'escalier monumental, dont la pierre blanche est rehaussée des couleurs du drapeau national. Adopté en 1879, un an après la libération du pays de l'Empire ottoman, il se compose de trois bandes horizontales de largeur égale : le blanc symbolise la paix, le vert la fertilité des terres bulgares et le rouge le courage du peuple.

Vignette.
Le buste d'Ivanov Kountchev (1837-1873), surnommé Vassil Levski, héros de l'indépendance, apôtre de la liberté du peuple bulgare, a été scellé sur la façade de l'ambassade, accompagné de ces mots : « Être égaux avec les autres peuples européens ne dépend que de nos propres et communs efforts. »

HÔTEL MONSTIERS-MERINVILLE /
BULGARIE

ACQUISITION	AMBASSADE	FÊTE NATIONALE
1944	1, avenue Rapp VIIe	3 mars, libération du joug ottoman

Autrefois le quartier était une île, où les paysans de Chaillot venaient faire paître leurs vaches et où les rois élevaient des cygnes. Certains matins brumeux, les duellistes s'y retrouvaient dos-à-dos et les victimes de la Saint-Barthélemy y furent ensevelies en 1572. Ce n'est qu'en 1812 que le canal fut entièrement asséché et comblé. Les immenses travaux du baron Haussmann et le percement de deux avenues achèveront de donner au quartier l'allure imposante que nous lui connaissons. C'est là que la famille des Monstiers-Merinville choisit de s'établir et d'édifier une demeure résidentielle dans le style Louis XV. La demeure, aux allures de château urbain, fut quelques temps la propriété des Nicolay, puis les nonces Mgr Czaski et Siciliano di Rende y établirent leur résidence entre 1879 et 1889. En 1940, la Kriegsmarine y installait ses bureaux. Désormais, en longeant le quai, à l'extrême pointe des avenues Rapp et Bosquet, la terre est bulgare. Le 26 mai 1944, le consul Christo Chichmanoff signait pour l'État bulgare l'acte d'acquisition de l'hôtel particulier. D'abord réservée à la résidence du chef de mission, la demeure sera destinée à la légation à partir de 1954, puis élevée au rang d'ambassade en 1963.

Par le traité de San Stéfano du 3 mars 1878, la Bulgarie mettait fin à plus d'un demi-millénaire de domination ottomane. L'indépendance véritable était établie en 1908. Les relations entre Paris et Sofia commençaient dès 1879, et la première représentation bulgare était inaugurée en mai 1897. Par un décret du roi Ferdinand Ier (1909), les représentations bulgares à l'étranger étaient élevées au rang de légation. C'est peu après, le volume des affaires allant croissant, que le bâtiment consulaire fut construit dans la cour de l'ambassade, alors sous influence soviétique, comme un vaisseau engagé vers la Seine.

HÔTEL DE CHEZELLES / **AUTRICHE**

ACQUISITION	RÉSIDENCE	FÊTE NATIONALE
1949	ET AMBASSADE	26 octobre
	6, rue Fabert VIIe	

Puissante et romantique, l'Autriche des Habsbourg fut aussi fière et passionnée. Ses ambassadeurs occupèrent les hôtels particuliers les plus prestigieux de la capitale. Ces lieux sont d'ailleurs les témoins d'une Autriche au cœur de la formation de l'histoire européenne ; tradition aujourd'hui relayée par son appartenance à l'Union. Du XVIIe siècle à nos jours, l'ambassade d'Autriche eut pour prédilection le faubourg Saint-Germain. Elle s'établit rue Saint-Dominique en l'hôtel de Sagan-Monaco, puis rue de Grenelle, dans les hôtels du Châtelet, de Bauffremont et de Rothelin-Charolais… À la veille de la Première Guerre mondiale, l'Empire austro-hongrois, encore propriétaire de l'hôtel Matignon, y rayonnait en son ambassade. Les traités de Versailles et de Saint-Germain effectuèrent les partages des biens immobiliers, contraignant les ambassadeurs à des installations précaires boulevard Beauséjour, rue Beaujon, en passant par l'avenue Hoche. Située sur l'esplanade des Invalides, où elle s'est établie depuis le 22 décembre 1949, l'Autriche est aujourd'hui au cœur de la vie diplomatique parisienne.

L'ancien hôtel, édifié à la fin du XVIIIe siècle, remanié tout au long du XIXe, propriété du vicomte de Chezelles en 1850, a été vendu par le comte de Berthier de Sauvigny à l'État autrichien. La résidence est désormais ornée de tableaux, de mobilier et d'objets d'art prêtés par les collections nationales autrichiennes : mobilier de la salle à manger issu du pavillon de chasse de Schlosshoff, salon de style Biedermeier viennois de la fin du XIXe siècle, portrait de l'empereur Joseph II ainsi que d'autres représentants de la dynastie des Habsbourg, série « École équestre » de la manufacture d'Augarten… Dans le salon de musique, on ne peut qu'évoquer le souvenir de Pauline de Metternich, s'exerçant au quatre mains avec Franz Liszt, qu'elle appelait volontiers « l'âme des soirées de l'ambassade ».

Vignette.
Personnage d'une crèche originaire du Stubaital, offerte par le land du Tyrol à Pierre Voizard, dernier gouverneur civil français (1945-1948), en reconnaissance de ses mérites. L'ensemble est composé d'une cinquantaine d'objets et personnages, la plupart en cire, les autres en bois. Restaurée récemment, la crèche est exposée chaque année à Noël à l'ambassade.

Ci-contre.
Façade côté jardin. Sur la pelouse, une œuvre contemporaine de Bruno Gironcoli, artiste autrichien.

Ci-dessous.
Dans le grand salon, un portrait équestre de Joseph II à cheval en grand uniforme vert (vers 1770).

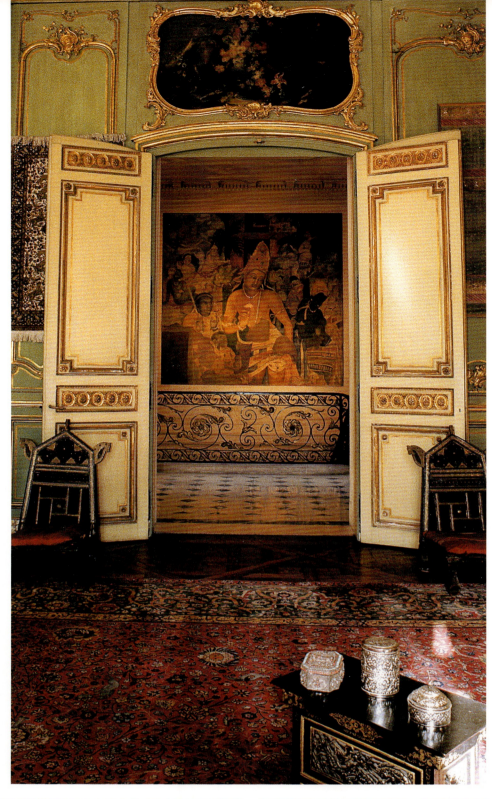

Ci-contre.
Depuis le grand salon, vue sur l'escalier dessiné par René Sergent, et sur une fresque du peintre indien K. Hebbar (1911-1996), copie du célèbre et emblématique Bottisatva des grottes d'Ajanta. Ces peintures anciennes d'Ajanta, classées au patrimoine mondial de l'Unesco, ont été redécouvertes au XIXe siècle par des militaires britanniques.

Ci-dessous, à gauche.
Le grand salon vert. Les précieuses boiseries d'époque Régence, intégrées dans l'hôtel particulier par Consuelo Vanderbilt, voisinent désormais avec les tapis de soie peuplés de tigres, de léopards et d'antilopes.

Ci-dessous, à droite.
Au mur du grand salon, des soieries anciennes de Bénarès, aux motifs de chasseurs d'éléphants, de gazelles et d'oiseaux.

HÔTEL DE MARLBOROUGH /
INDE

ACQUISITION	RÉSIDENCE	FÊTE NATIONALE
1949	2, avenue Charles-Floquet VIIe	26 janvier, proclamation de la République

C'est au pied de la tour Eiffel, dans un hôtel Belle Époque surplombant les jardins du Champ-de-Mars, que l'Inde installe en 1949, peu après la déclaration d'indépendance, la résidence de son premier ambassadeur permanent. Œuvre de l'architecte René Sergent, l'hôtel de Marlborough dispose de volumes harmonieux qui le placent dans la lignée des hôtels de la seconde moitié du XVIIIe siècle parisien. Il doit son nom à la richissime Consuelo Vanderbilt, héritière d'une famille de Hollande dont la fortune provenait des chemins de fer américains, qui avait épousé Richard Churchill, neuvième duc de Marlborough, et acquis la demeure en 1920. En femme de goût, elle y intégra des boiseries d'époque Régence qu'elle compléta par des copies modernes de qualité. Ces précieuses boiseries sont désormais sous la bienveillante protection des ambassadeurs indiens.

Aujourd'hui, dieux et déesses du panthéon bouddhique et hindou, miniatures mongoles, soieries de Bénarès et tapis du Rajasthan s'intègrent dans le décor. Un bronze du dieu Ganesh, dont le ventre bien arrondi suggère la prospérité de celui qui le vénère, accueille le visiteur. Une soierie de Bénarès du XVIIIe siècle aux motifs de chameaux, chasseurs, éléphants, tigres, gazelles, oiseaux et ratons laveurs entrelacés de feuilles et de fleurs de fils d'or et d'argent, orne un panneau de la salle à manger. Sur l'immense tapis conçu pour le salon vert du premier étage, des carnassiers, tigres et léopards dévorent des antilopes. Un cheval de bronze, témoin de l'artisanat Bastar des tribus du Madhya Pradesh, fait preuve d'une modernité saisissante. Au début des années 1950, le peintre indien Hebbar réalisa une fresque pour l'escalier d'honneur, en s'inspirant du célèbre « Bottisatva à la fleur de lotus » des grottes d'Ajanta. La grâce du dieu hindou frappe le visiteur, dès qu'il franchit le seuil de la résidence, telle une invitation silencieuse à la méditation, à l'émerveillement ainsi qu'au respect d'une si grande civilisation.

HÔTEL DE RIGNY / **CANADA**

ACQUISITION	RÉSIDENCE	FÊTE NATIONALE
1950	135, rue du Fbg-Saint-Honoré VIIIe	1er juillet

La demeure est élégante, située au cœur du Paris présidentiel et diplomatique, mais aussi de la haute couture. Les origines de cette terre canadienne à Paris sont royales. Louis XIV, dont l'administration s'était intéressée à cette partie du faubourg correspondant à l'ancien village du Roule, fit don de ce domaine à son frère le comte d'Artois, futur Charles X. Sous son impulsion et la conduite de l'architecte Bélanger, un nouveau quartier à la mode voyait le jour, la « Nouvelle Amérique ». Le comte d'Artois y commandait alors de vastes écuries. Réquisitionnées sous la Révolution, elles resteront dans le domaine de la Couronne jusqu'à ce que Napoléon III les cède à la ville. Quatre acquéreurs se partagèrent finalement le domaine en 1860 et les écuries furent démantelées. La comtesse de Rigny, sur la parcelle qui lui était attribuée, se fit construire une demeure de style classique, telle que la résidence des ambassadeurs du Canada ont su la préserver. En 1894, la comtesse de Fels, alors propriétaire, fit transformer le vestibule et l'escalier par l'architecte René Sergent. Le 12 mai 1950, sa fille, la duchesse de La Rochefoucauld, vendit sa résidence au gouvernement de Sa Majesté au Canada.

L'éclatante lumière des belles journées de printemps illumine les boiseries du grand salon, depuis les cinq portes-fenêtres largement ouvertes sur le jardin planté de grands arbres et de parterres à la française. Plus atténuées, les teintes gris bleu de lin de la salle à manger lui confèrent une atmosphère sereine, tandis que d'élégants pilastres ioniques rythment le décor de stucs. Georges Philias Vanier, le premier ambassadeur en titre du Canada à Paris (1944-1953), et dont un buste orne le petit salon, s'était tout d'abord installé dans un appartement qu'il avait acquis pour la légation en 1939 (5, rue Dosne). Il proposa l'achat de l'hôtel de Rigny et présida aux aménagements nécessaires à l'installation officielle de la résidence, en avril 1953, conseillé pour les travaux d'embellissement par Jansen et Carlhian.

Vignette.
Dans le grand salon,
détail des lambris extrait
de charmants médaillons
figurant Arlequin et Colombine.

Ci-contre, à gauche.
Le vestibule et la galerie des glaces,
avec ses baies de miroirs.

Ci-contre, en haut.
D'anciennes boiseries blanches
et or ornent le grand salon. Ici,
un des quatre profils de style
rocaille placés dans les écoinçons.

Ci-contre, en bas.
Un échantillon de l'argenterie
de Fabergé, célèbre orfèvre
des tsars et du délicat service
à poissons Haviland.

Ci-dessous.
La salle à manger est rythmée
par des arcades et d'élégants
pilastres ioniques.

Ci-contre.
L'escalier d'honneur, conçu par l'architecte Sanson d'après un dessin de Blondel, est orné de chutes d'après Coustou. Très moderne pour l'époque, l'emploi de poutres métalliques permit la réalisation des beaux volumes.

Ci-dessous et ci-dessous à gauche.
Dans le grand salon ouvrant largement sur l'avenue Foch, des allégories dans le goût de Louis Lagrenée surmontent les portes et enrichissent les boiseries blanches et or du début du règne de Louis XV. Présentes dans la bibliothèque et la salle à manger, les boiseries sont comparables aux lambris et décors de l'hôtel de Rohan-Soubise (Archives nationales) ou de l'hôtel Biron (musée Rodin). Certaines, qui proviennent de l'ancien hôtel Dodun, furent acquises par le baron de Breteuil lors de la démolition de l'hôtel. Une partie de ces boiseries a été remontée au Waddesdon Manor en Grande-Bretagne par son propriétaire, le baron Ferdinand de Rothschild.

Ci-dessous, à droite.
L'élégante façade, côté avenue Foch, conçue par Sanson et édifiée à partir de 1892, est inspirée du pavillon de Hanovre construit au milieu du XVIIIe siècle et situé alors boulevard des Italiens. Le bureau de l'ambassadeur s'ouvre de plain-pied sur le jardin.

HÔTEL DE BRETEUIL /
IRLANDE

ACQUISITION
1954

RÉSIDENCE
ET CHANCELLERIE
12, avenue Foch XVIe

FÊTE NATIONALE
17 mars, fête de saint Patrick

C'est sur l'ancienne avenue du Bois, l'actuelle avenue Foch, que l'Irlande s'est implantée depuis 1954. L'affaire fut conclue grâce au soutien avisé de Frank Aiken, alors ministre des Affaires étrangères, qui permit l'installation de l'ambassade d'Irlande en ce palais Belle Époque édifié par l'architecte Ernest Sanson, à partir de 1892, pour le marquis de Breteuil. Henry Le Tonnelier de Breteuil, brillant militaire, fut aussi parlementaire et aspirait à une monarchie constitutionnelle dans un régime démocratique et libéral ainsi qu'à une Europe unie. Il œuvra pour la constitution de la Triple Entente qui devait sceller l'alliance entre la France, l'Angleterre et la Russie. Sans être diplomate de métier, il joua néanmoins le rôle d'ambassadeur discret mais efficace. Il tissa des liens d'amitié avec la famille royale de Grande-Bretagne, Edouard VII et George V, ainsi qu'avec la famille impériale russe. Choisi comme mentor du jeune prince de Galles, futur Edouard VIII, il lui offrit l'hospitalité de sa résidence parisienne. Veuf de sa première épouse, Breteuil épousa une Américaine fortunée, Marcellita Gardner. Il pouvait alors confier la construction de son hôtel parisien à l'architecte le plus en vogue. Pour l'élévation des élégantes façades, Sanson s'inspira du pavillon de Hanovre et utilisa la pierre blonde de Caen. Les lambris, boiseries et ornements du début du XVIIIe siècle, qui décorent les salons, la bibliothèque et la salle à manger, proviennent de l'ancien hôtel Dodun. Les décors du cabinet des glaces, dans la lignée de la grande singerie du château de Chantilly, sont issus en partie de l'hôtel d'Aubeterre, rue d'Assas. Une nouvelle page s'ouvrait pour la demeure lorsqu'elle fut acquise, en 1937, par la princesse de Faucigny-Lucinge qui recevait le Tout-Paris dans le grand salon blanc et or. Depuis plus de cinquante ans, la tradition d'hospitalité de l'hôtel de Breteuil est maintenue par l'Irlande, dans le cadre du soutien de ses intérêts économiques et culturels.

HÔTEL DE LAMBALLE ET CHANCELLERIE / **TURQUIE**

ACQUISITION	RÉSIDENCE	FÊTE NATIONALE
1954	ET CHANCELLERIE	29 octobre, fondation de la République
	16, avenue de Lamballe XVIe	

Locataire en 1946 et propriétaire depuis 1954, la Turquie perpétue la présence de ses ambassadeurs en l'hôtel de Lamballe et en sa chancellerie, venue s'intégrer dans ses jardins, sous la conduite de l'architecte Henri Beauclair en 1974. L'ensemble diplomatique occupe un territoire, circonscrit entre la rue Berton et la maison de Balzac, l'avenue du général-Mangin, l'avenue de Lamballe et la rue d'Ankara. Installé au septième et avant-dernier étage de la tour de la chancellerie, le bureau de l'ambassadeur offre une vue panoramique sur la capitale, et surplombe les toits et jardins de l'hôtel de l'infortunée princesse de Lamballe, aujourd'hui sa résidence. La demeure eut pour maître d'œuvre François Berthelot, fermier général sous Louis XIV, et fut achevée pour le duc de Lauzun qui l'acheta en 1703. Elle passa ensuite à la famille de Luynes. La princesse de Lamballe l'acquit en 1784. Elle y fit de longs séjours et renouvela la décoration, pour vivre là dans une sorte de retraite où Marie-Antoinette et Madame Élisabeth venaient lui rendre visite. Après sa mort tragique en septembre 1792, l'hôtel fut séquestré et son mobilier vendu. À la fin de 1796, le prince Charles-Emmanuel de Savoie-Carignan, son neveu et héritier, rentra en possession de l'hôtel. Par la suite, il fut loué par le docteur Blanche pour l'extension de la maison de santé qu'il dirigeait à Montmartre. En 1922, un lotissement fut construit alentours et le jardin tronqué de sa descente sur la Seine. Le comte André de Limur vendit sa propriété à l'État français puis la Turquie en fit l'acquisition en 1954. Les salons de la résidence sont restés ceux de la comtesse de Limur, ornés de boiseries du XVIIIe siècle provenant du château de la Tuilerie, construit à Auteuil à la veille de la Révolution. Dans ce coin de Passy, se perpétue une tradition d'alliance et d'amitié de près de cinq siècles.

Vignette.
Chancellerie. Bas-relief
(situé dans le hall d'accueil)
à l'effigie de Mustafa Kemal
Atatürk, fondateur et premier
président de la République turque.

Ci-contre.
Chancellerie. L'escalier d'honneur
en spirale, édifié par Beauclair,
relie le hall d'accueil à l'étage
de réception. Des sphères en verre
fumé, suspendues en grappe,
descendent du plafond
jusqu'au hall d'accueil.

Ci-dessous.
Résidence. La façade
sur jardin offre de hauts pilastres
cannelés et un bel escalier
à double révolution conduisant
à un perron élevé.

Ci-dessus et ci-contre.
Le vestibule, la galerie et le décor intérieur sont protégés au titre des monuments historiques depuis 2004. L'hôtel particulier a été construit en 1880 par Julien Bayard et remanié en 1912 par Émile Hochereau. Ses décors de boiseries et vitraux, datés de 1926, sont signés Champigneulle, maître verrier. Les peintures au plafond datent de 1882, et ont été exécutées par Horace de Callias, élève de Cabanel. Les façades et toitures sur rue et cour, le passage cocher, le hall d'entrée, la cage d'escalier, les salles de réception du premier étage, dont la galerie et la loge des musiciens, la cheminée du salon ouvrant sur l'angle de l'avenue Kléber et de la rue Paul-Valéry, sont également inscrits à l'inventaire supplémentaire des monuments historiques.

HÔTEL LAFONT DE LA VERMÈDE /
PÉROU

ACQUISITION	RÉSIDENCE	FÊTE NATIONALE
1957	ET CHANCELLERIE	28 juillet, jour de l'indépendance
	50, avenue Kléber XVIe	

Depuis l'Arc de triomphe, il n'y a que quelques enjambées à faire sur l'avenue Kléber pour gagner l'ambassade du Pérou. Le terrain avait été adjugé en 1879, au cours d'une vente aux enchères à la chandelle, à la famille Lafont de La Vermède, qui y fit édifier le bel hôtel que nous connaissons aujourd'hui. La demeure semblait destinée aux relations avec l'Amérique latine : l'ambassadeur d'Uruguay, M. de Miero, l'acquit en 1912, et y apporta quelques modifications, avant de le céder en 1916 à l'ambassadeur du Pérou, Pablo Sixto Mimbela (1870-1940) ; en 1952, il passait à madame Berckemeyer, d'origine péruvienne, qui l'avait acquis lors de la succession du docteur Mimbela, le second mari de sa mère ; le 26 novembre 1957, l'État péruvien l'acheta pour son ambassade et la résidence de son représentant.

L'hôtel particulier, construit sur quatre niveaux, forme un pan coupé entre l'avenue Kléber et la rue Paul-Valéry. Ce palais Belle Époque, aux proportions harmonieuses, offre une suite de salons de réception, une vaste galerie que surplombe une loggia, ainsi qu'une salle à manger ouvrant sur l'avenue Kléber. Marbre de couleurs, colonnes et chapiteaux ornés, plafonds peints et vitraux historiés constituent un décor tout à la fois élégant et chaleureux. Le mobilier de style Louis XV et Louis XVI provient en partie des anciens propriétaires. Le deuxième étage et son agréable terrasse sont aujourd'hui réservés à la résidence. Lors d'une visite à l'ambassade, on aime à vous rappeler le souvenir d'un Français, l'amiral Abel Bergasse Dupetit-Thouars, qui protégea Lima de la destruction lors de la guerre du Pacifique (1878-1884), et dont la mémoire est toujours bien présente dans la capitale péruvienne.

HÔTEL MAHIEU /
MAROC

ACQUISITION	AMBASSADE	FÊTES NATIONALES
1959	5, rue Le Tasse XVIe	2 mars, jour de l'indépendance 30 juillet, fête du Trône

Si dès 1959, au lendemain de la reconnaissance de l'indépendance du royaume, la France et le Maroc procédaient à l'échange d'ambassadeurs, la présence d'un représentant diplomatique français au Maroc est antérieure à 1870 ; après le traité de Fès (1912), il avait même reçu le titre de commissaire résident général et assurait l'établissement de liens économiques et politiques entre les deux pays. L'existence de la communauté franco-marocaine joue un rôle important dans les relations entre les deux pays. Trois millions de Marocains résident aujourd'hui en Europe, dont plus de 800 000 vivent en France, tandis que 30 000 Français environ sont installés au Maroc.

Le Maroc est propriétaire depuis les années 1960 de l'immeuble de son ambassade, situé aux abords des jardins du Trocadéro. Édifié en 1905 sur les plans de l'architecte René Sergent, sur une commande de Marie Louise Hélène Ferry, veuve d'Édouard Mahieu, ce palais Belle Époque surprend par son décor théâtral, le choix des matériaux utilisés, l'illusion provoquée par des jeux de miroirs. Au centre de l'édifice, un escalier d'honneur, monumental et somptueux, conduit au premier étage à la salle de conférence. Cinq bas-reliefs de stuc blanc ornent de leurs sujets aquatiques les parties hautes de grands panneaux de marbre rose et noir. Sur le plafond ont été peintes de gracieuses figures des muses des arts, des sciences et des lettres, dans le goût du XVIIIe siècle. Les lambris de cette ancienne salle de bal, ses consoles en bois dorés aux motifs de griffons et de femmes bicéphales forment un ensemble harmonieux et raffiné. Un petit cabinet agréablement orné de grotesques Renaissance est désormais le bureau du service économique. Bureau non sans importance : la France est aujourd'hui le premier partenaire commercial du Maroc. La facture industrielle début du siècle de ces décors n'exclut pas le charme et la délicatesse des compositions.

Ci-dessus.
Détail du plafond de la salle de réunion du premier étage. Le parti architectural, le mélange de boiseries et de compositions picturales, les jeux de miroirs et les effets de surprises surprennent par leur caractère théâtral.

Ci-contre.
L'escalier de marbres polychromes, aux doubles colonnes, dégage une liberté d'expression caractéristique de l'architecte René Sergent. La distribution des espaces — salons et antichambre, aujourd'hui reconvertis en salle de réunion et bureaux des services économique, politique et culturel — s'effectue depuis cet axe central, monumental et somptueux.

Ci-dessus.
Le grand salon bleu de la résidence, au mobilier contemporain. Dans le coin de la pièce, un haut bahut bombé et orné de ferronneries, aux incrustations métalliques et motifs de chrysanthèmes. Il fait partie des meubles créés en 1906 selon des modèles parisiens et réinterprétés par les artisans japonais, pour la première ambassade du Japon, avenue Hoche. L'esprit de la maison traditionnelle japonaise, avec ses *shoji* (cloisons coulissantes), et ses *fusuma* (portes intérieures mobiles) permettant de moduler les espaces, a été transposé rue du Faubourg-Saint-Honoré. Les salons peuvent se transformer, les pièces communiquer ou bien être isolées, selon le nombre des invités et le caractère des réceptions.

Ci-contre, à gauche.
Suite de salons au premier étage, ouvrant sur le jardin, contigu à celui de l'hôtel Perrinet de Jars (Cercle de l'Union interalliée). L'actuel bâtiment moderne, entre cour et jardin, possède des façades en mur-rideau de Jean Prouvé et un mobilier de Charlotte Perriand.

Ci-contre, à droite.
Jeune femme, par Tsuguharu Fougita (1886-1968).

HÔTEL PILLET-WILL /
JAPON

ACQUISITION
1965

RÉSIDENCE
31, rue du Fbg-Saint-Honoré VIIIe

FÊTE NATIONALE
23 décembre,
anniversaire de l'Empereur

En 1965, le Japon acquiert l'hôtel Pillet-Will. De style néo-Louis XV, la demeure avait été édifiée à la fin du XIXe siècle sur l'emplacement de l'ancien hôtel de Marbeuf, qui lui-même avait été la propriété de Joseph Bonaparte. C'est sans doute là que le Premier consul signa le Concordat en 1801. Les hôtels de Marbeuf et Pillet-Will ont aujourd'hui disparu. Derrière les belles portes cochères rouges, dont l'une provient de l'hôtel de Vic, se cache la très contemporaine et silencieuse résidence de l'ambassadeur du Japon. Toute de verre et de fer, elle a été édifiée en 1967 par l'architecte Riedberger, dont l'œuvre fut, sur les conseils de Junzo Sakakura, de transposer dans des matériaux modernes l'esprit de la maison japonaise traditionnelle. Charlotte Perriand fut chargée de l'aménagement intérieur et de redessiner le jardin. La franche modernité de la demeure est en rupture complète avec ses voisins, le Cercle de l'Union interalliée, l'ambassade d'Angleterre, les résidences des États-Unis et du Canada, le palais de l'Élysée… À peine franchi le seuil de la résidence, voici des espaces qui, de tous temps, ont été ceux de la maison japonaise. Par un jeu de portes coulissantes, tous les espaces sont modulables. Au rez-de-chaussée, le volume principal est réservé à la réception ; il peut s'étendre largement sur le jardin ou bien se refermer sur des pièces plus réduites. Le premier étage, auquel on accède par un escalier ouvert et suspendu, laisse toute liberté à la composition des espaces. Dans un autre salon, une partie du mobilier de la première ambassade de l'avenue Hoche est précieusement conservée. Dans le vestibule, sculpté en ivoire par un artiste japonais du XVIIIe siècle si minutieusement qu'on y détaille chaque plume, un aigle superbe se tient prêt à déployer ses larges ailes blanches ; celui-là même qui, autrefois, ornait de son impériale présence le jardin d'hiver de l'ambassade.

HÔTEL SCHNEIDER /
BRÉSIL

ACQUISITION	AMBASSADE	FÊTE NATIONALE
1971	34, cours Albert-Ier, VIIIe	7 septembre, jour de l'indépendance

L'histoire de l'hôtel de l'ambassade du Brésil commence au début du XIXe siècle, lorsqu'un premier édifice était bâti sur l'ancien cours de la Reine. Il fut la propriété de plusieurs familles, avant qu'Eugène Schneider (1868-1942), grand industriel de la sidérurgie, ne l'acquière des banquiers Demacht et Seillère, et n'y effectue d'importantes transformations. Peu après 1900, l'héritier de la puissante dynastie du Creusot confie à Ernest Sanson la mise au goût du jour de sa nouvelle demeure : un escalier d'honneur, un accès couvert, un embellissement complet des étages d'apparat. L'hôtel Schneider sera vendu par ses descendants le 16 juillet 1971 au gouvernement brésilien.

Vie administrative et nécessités de représentation se partagent aujourd'hui les lieux. Si des travaux ont été effectués pour adapter l'hôtel à sa nouvelle destinée, la richesse artistique de ce lieu est toujours soigneusement préservée. Le Brésil considère qu'avec la chancellerie de Rome, cette ambassade est la plus belle de ses représentations à l'étranger. La salle à manger, reconvertie en salle de conférence, conserve ses fines boiseries et trophées de chasse ; le bureau de l'ambassadeur, autrefois le grand salon, est orné de panneaux peints dans le goût de Pillement et Ranson et des baies coulissantes ouvrent côté Seine, sur la terrasse transformée en agréable petit jardin. Chaque année, l'ambassade accueille, le 7 septembre, les autorités françaises, des citoyens brésiliens résidents ou de passage et de nombreux amis du Brésil pour commémorer la déclaration d'indépendance (1822).

L'ambassadeur brésilien Luiz de Souza Dantas (1876-1954) aida des centaines de familles juives à émigrer au Brésil en leur délivrant des visas. Bravant l'interdiction, il en aurait concédé près de cinq cents et aidé plus de huit cents personnes à fuir. En 2003, le Yad Vashem (mémorial de la Shoah en Israël) lui a décerné le titre de « Juste parmi les nations ».

Ci-contre.
L'escalier, le vestibule et la galerie conçus par Paul-Ernest Sanson. Ce vaste volume s'ouvre sur une galerie haute, laquelle est agrémentée de bustes d'hommes illustres. On y trouve celui du baron de Rio Branco, considéré comme le père de la diplomatie brésilienne.

Ci-dessous.
Le bureau de l'ambassadeur. La pièce est ornée d'une série de panneaux aux motifs exotiques, bordés de guirlandes et cascades de fleurs dans le style de Pillement et de Ranson, et de scènes orientales. Les espaces dédiés à l'activité diplomatique quotidienne ont été aménagés dans les anciens salons et salles à manger de la famille Schneider.

Ci-contre.
Le patio, ou cour intérieure, accueille une œuvre du sculpteur Micha Ullman (née en 1939 à Tel-Aviv). L'artiste a remporté en avril 2009 le Prix d'Israël pour la sculpture, décerné le jour de l'Indépendance à Jérusalem.

Ci-dessous, à gauche.
Papillons de nuit ou *Les Métamorphoses*, toile réalisée en 1901 par le peintre symboliste Edgar Maxence (1871-1954), avait été transposée et agrandie par les Richelot lors de leur installation. Elle a disparu lors de l'incendie de l'ambassade en 2002.

Ci-dessous, à droite.
L'escalier central. Entièrement rénové en 2002 par l'architecte David Knafo, il porte désormais au sol le sceau des douze tribus d'Israël.

HÔTEL RICHELOT / ISRAËL

ACQUISITION
1971

AMBASSADE
3, rue Rabelais VIIIe

FÊTE NATIONALE
proclamation de l'État d'Israël
(selon le calendrier juif,
la date peut varier d'avril à mai)

En mai 1948, peu après la création de l'État d'Israël, les relations diplomatiques entre Paris et Jérusalem étaient établies. Le 24 décembre 1971, l'acte d'achat de l'immeuble de la rue Rabelais était signé. C'est à New York, à la fin du XIXe siècle, que l'histoire de cet hôtel parisien pourrait débuter, lorsqu'un procès affrontait Edison et Graham Bell sur la paternité de l'invention du téléphone. L'avocat de Graham Bell acquit dans cette affaire célébrité et fortune, mais disparut sans descendance, lors du naufrage d'un transatlantique. L'une de ses héritières, sa nièce, épousa le docteur et collectionneur Richelot, et apporta ainsi la fortune nécessaire à l'achat d'un terrain situé entre le rond-point des Champs-Élysées et le faubourg Saint-Honoré. Louis-Gustave Richelot y fit bâtir un immeuble, qu'il habita à partir de 1905. Grand amateur d'objets d'art, il avait une prédilection pour le mobilier Haute Époque. Si la plupart des chefs-d'œuvre de ce véritable musée furent dispersés en vente publique, ou ont été conservés par les descendants de Richelot lorsqu'ils cédèrent l'hôtel à l'État d'Israël, de nombreux éléments étaient encore conservés par l'ambassade avant l'incendie de 2002. Ainsi, des boiseries polychromes de la Renaissance espagnole dans la galerie du premier étage et des chimères au fronton des portes, ou encore la grande œuvre d'Edgar Maxence, *Papillons de nuit* ou *Les Métamorphoses*, disparurent ainsi que d'autres trésors. Aujourd'hui, l'ambassade, entièrement réhabilitée sous la direction de David Knafo, affiche une architecture moderne, inspirée de celle des bâtiments officiels israéliens, comme la Banque nationale ou la Cour suprême, tout à la fois dans la lignée du Bauhaus et chargée de symbole biblique. Tandis que des œuvres d'artistes contemporains côtoient des pièces archéologiques et des oliviers, rue Rabelais, chaque jour sont tissés des liens qui unissent la France à ce « jeune pays ancien », comme l'appelait l'écrivain Theodor Herzl.

BIBLIOGRAPHIE

DIPLOMATIE, PROTOCOLE ET HISTOIRE DES AMBASSADES ÉTRANGÈRES À PARIS

• Adalberto de Campos, Raul,
Relações diplomaticas do Brasil, 1808-1912, Rio de Janeiro, Typ. do Jornal do commercio, 1913.
• Alem, Jean-Pierre,
L'Espionnage : histoires, méthodes, Paris, Lavauzelle, 1987.
• Andreani, Ghislaine,
Le Nouveau Savoir-vivre, Paris, Hachette, 1987.
• Antoniade, Constantin,
Les Ambassadeurs de Venise au XVIe siècle, Madrid, Destin, 1984.
• Aposlolidès, Jean-Marie,
Le Roi-machine. Spectacle et politique au temps de Louis XIV, Paris, Minuit, 1981.
• Arvieux (chevalier d'), Laurent,
Mémoires du chevalier d'Arvieux, envoyé extraordinaire du Roy à la Porte, consul d'Alep, d'Alger, de Tripoli et autres échelles du Levant, contenant ses voyages à Constantinople, dans l'Asie, la Syrie, la Palestine, l'Égypte et la Barbarie... recueillis... de ses Mémoires originaux et mis en ordre par le R. P. Jean-Baptiste Labat, 6 vol., Paris, Delespine, 1735.
• Badie, Bertrand et Smouts, Marie-Claude,
Le Retournement du monde. Sociologie de la scène internationale, Dalloz, Paris, 1992.
• Baillou, Jean (dir.),
Les Affaires étrangères et le corps diplomatique français, Paris, CNRS, 1984.
• Barbier, Edmond-Jean-François,
Chronique de la Régence et du règne de Louis XV, 8 vol., Paris, Charpentier, 1866.
• Beaune, Colette (éd.),
Journal d'un bourgeois de Paris (1405-1449), Paris, LGF, 1990.
• Beckles, Wilson,
L'Ambassade anglaise à Paris (1814-1920), un siècle de relations diplomatiques franco-britanniques, trad. E. Dupuydauby, Paris, Payot, 1929.
• Bély, Lucien,
Espions et ambassadeurs au temps de Louis XIV, Paris, Fayard, 1990.
• Bertaut, Jules,
Le Faubourg Saint-Germain sous la Restauration, Paris, Éditions de France, 1935.
• Beyens (de), Eugène-Napoléon,
Le Second Empire vu par un diplomate belge, Lille et Bruges, Paris, Desclée de Brouwer, Plon-Nourrit, 1924-1926.
• Blaga, Corniliu S.,
L'Évolution de la technique diplomatique au XVIIIe siècle : idéologie, mœurs et procédés, Paris, A. Pedone, 1937.
• Bodin, Jérôme,
Les Suisses au service de la France de Louis XI à la Légion étrangère, Paris, Albin Michel, 1988.
• Boppe, Auguste et Delavaud, Louis,
Les Introducteurs des ambassadeurs, 1585-1900, Paris, Félix Alcan, 1901.
• Bracque-Grammont, Jean-Louis, Kuneralp, Sinan et Hitzel, Frédérique,
Les Représentants permanents de la France en Turquie (1536-1991) et de la Turquie en France (1797-1991), Istanbul, Isis, Paris, Institut français d'études anatoliennes, Librairie d'Amérique et d'Orient, 1991.
• Bronne, Carlo,
La Comtesse Le Hon et la première ambassade de Belgique à Paris, La Renaissance du livre, Bruxelles, 1952.
• Callières (de), François,
De la manière de négocier avec les souverains, de l'utilité des négociations, du choix des ambassadeurs et des envoyés, et des qualités nécessaires pour réussir dans ces emplois, Alain Pekar Lempereur (éd.), Genève, Droz, 2002.
• Cambon, Jules,
Le Diplomate, Paris, Hachette, 1926.
• Casteau Césaire,
Usages internationaux de savoir-vivre, Bruxelles, 1953.
• Chambon, Albert,
Mais que font donc les diplomates entre deux cocktails ?, Paris, A. Pédone, 1983.
• Chateaubriand (de), François-René,
Mémoires d'outre-tombe, 6 vol., Paris, Garnier-Frères, 1899-1900.
• Collectif,
Art in the Residence, Paris, Paris, United States Embassy, 1989-1993.
• Collectif,
Conférence de la Paix 1946, recueil de documents de la Conférence de Paris au palais du Luxembourg (29 juil.-15 oct. 1946), Paris, Imprimerie nationale, 1946.
• Commynes (de), Philippe,
Mémoires, Joseph Calmette (éd.), Paris, Les Belles Lettres, 1964-1965.
• Contamines, Henry,
Diplomatie et diplomates sous la Restauration (1814-1830), Paris, Hachette, 1970.
• Courcillon (de), Philippe, marquis de Dangeau,
Journal de la cour du Roi Soleil (1684-1715), 19 tomes parus (1684-1707), Éric de Bussac (éd.), Clermont-Ferrand, Paleo, 2002-2009.
• Cruysse (van der), Dirck,
Louis XIV et le Siam, Paris, Fayard, 1991.
• Daudet, Ernest (éd.),
Paris de 1842 à 1852. La Cour, la société, les mœurs. Journal de Victor de Balabine, secrétaire de l'ambassade de Russie, Paris, Émile-Paul, 1914.
—, *Vingt-cinq ans à Paris. Journal du comte Rodolphe Apponyi, attaché de l'ambassade d'Autriche-Hongrie à Paris*, 4 tomes, Paris, Plon, 1913-1926.
• Delavaud, Louis,
Scènes de la vie diplomatique au XVIIIe siècle, Paris, s. n. d'éd., 1914.
• Deprez, Eugène et Mirot, Léon,
Les Ambassades anglaises pendant la guerre de Cent Ans, catalogue chronologique (1327-1450), Bibliothèque de l'École des chartes, t. LIX et t. LXI, Paris, A. Picard, 1900.
• Driancourt-Girod, Janine,
L'Insolite Histoire des luthériens de Paris de Louis XIII à Napoléon, Paris, Albin Michel, 1992.
• Drumont, Édouard,
Les Fêtes nationales à Paris, Paris, L. Baschet, 1879.
• Dufort de Cheverny, Jean-Nicolas,
Mémoires sur les règnes de Louis XV et Louis XVI et sur la Révolution, s. l., Robert de Crèvecœur, 1886.
• Durand, Marie-Françoise, Lévy, Jacques et Retaillé, Denis,
Le Monde, espaces et systèmes, Paris, Dalloz, 1993.
• Effendi Mehemet,
Relation de l'ambassade de Mehemet Effendi à la Cour de France, écrite par lui-même et traduite du turc, Paris, Ganeau, 1757.
• Essen (van der), Léon,
La Diplomatie, ses origines et son organisation jusqu'à la fin de l'Ancien Régime, Bruxelles, PDL, 1953.
• Farag, Moussa,
Manuel de pratique diplomatique. L'ambassade, Bruxelles, Bruylant, 1972.
• Flammermont, Jules,
Les Correspondances des agents diplomatiques étrangers en France avant la Révolution conservées dans les archives de Berlin, Dresde, Genève, Turin, Gênes, Florence, Naples, Simancas, Lisbonne, Londres, La Haye et Vienne, Paris, E. Leroux, 1896.
• Fouquières (de), André,
Cinquante ans de panache, Paris, P. Horay, 1951.
• Gandouin, Jacques,
Guide du protocole et de ses usages, Paris, Stock, 1972.

- Glawin, Cynthia,
The Paris Embassy, Londres, Collins, 1976.
- Godefroy, Théodore,
Le Cérémonial français… mis en lumière par Denys Godefroy, Paris, S. et G. Cramoisy, 1649.
- Gorter (de), Sadi,
L'Hôtel d'Avaray, ambassade des Pays-Bas à Paris, La Haye, 1956.
- Guyon, Édouard-Félix,
Diplomates et voyageurs, de Machiavel à Claudel, coll. « Bibliothèque de la revue d'histoire diplomatique », Paris, A. Pedone, 1987.
- Herbette, Maurice,
Une ambassade persane sous Louis XIV, Paris, Perrin, 1907.
—, *Une ambassade turque sous le Directoire*, Paris, Perrin, 1902.
- Hotman de Villiers, Jean, (pseud. Nicodemus Turlupinus de Turlupinis),
De la charge et dignité d'ambassadeur, 4e éd., dans *Opuscules françoises des Hotmans*, Paris, Vve Mathieu Guillemot, 1616.
- Hübner (comte de), Joseph Alexandre,
Neuf ans de souvenirs d'un ambassadeur d'Autriche sous le second Empire, 2 vol., Paris, Plon, 1905-1908.
- Kameke (von) Claus,
L'Hôtel de Beauharnais, résidence de l'ambassadeur d'Allemagne à Paris, Stuttgart, Deutsche Verlags Anstalt, 1968.
- Lanier, Lucien,
Étude historique sur les relations de la France et du royaume de Siam de 1662 à 1703, Versailles, E. Aubert, 1883.
- Le Vayer, Paul,
Les Entrées solennelles à Paris des rois et des reines de France, des souverains et des princes étrangers, des ambassadeurs, etc., bibliographie sommaire, Paris, Imprimerie nationale, 1896.
- Martin-Fugier, Anne,
La Vie élégante ou La Formation du Tout-Paris, 1815-1848, Paris, Fayard, 1990.
- Metternich-Sándor (de), Pauline,
Souvenirs d'enfance et de jeunesse, préf. Marcel Dunan, Paris, Plon-Nourrit et Cie, 1924.
—, *Souvenirs de la princesse Pauline de Metternich (1859-1871)*, préf. Marcel Dunan (18e éd.), Paris, Plon-Nourrit et Cie, 1922.
- Metternich (de), Klemens Wenzel,
Mémoires, documents et écrits divers laissés par le prince de Metternich chancelier de Cour et d'État, publiés par son fils le prince Richard de Metternich, Paris, Plon, 1880-1884.
- Morgan (Lady), Sydney Owenson, plus tard Lady Thomas Charles (Miss),
La France par Lady Morgan ci-devant Miss Owenson, 2 vol., Paris et Londres, Treuttel et Würtz, 1817.
- Mougel, François-Charles et Pacteau de Luze, Séverine,
Histoire des relations internationales, 1815-1991, Paris, PUF, coll. « Que sais-je ? », n° 2423, 1992.

- Normanby (lord), Constantine Henry,
Une année de Révolution d'après un journal tenu à Paris en 1848, 2 vol., Paris, Plon, 1858.
- Paléologue, Maurice,
Romantisme et diplomatie. Talleyrand, Metternich, Chateaubriand, Paris, Hachette, 1928.
- Picavet, Camille-Georges,
La Diplomatie française au temps de Louis XIV. Institutions, mœurs et coutumes, Paris, F. Alcan, 1930.
- Pillement, Georges,
Paris en fête, Paris, Grasset, 1972.
- Renouvin, Pierre (dir.),
Histoire des relations internationales, Hachette, 1954.
- Ruffin, P.,
Journal de l'ambassade de Suleiman Aga, envoyé extraordinaire de Bey de Tunis près de Sa Majesté Très Chrétienne, depuis son arrivée à Toulon, le 18 janvier 1777, jusqu'à son embarquement dans ledit port, le 31 mai de la même année, rédigé par le sieur Ruffin, secrétaire interprète du roy, préface, notes et éclaircissements par Marthe Conor et Pierre Grandchamp, Tunis, La Revue tunisienne, 1917.
- Saint-Simon (duc de), Louis de Rouvroy,
Mémoires, Arthur Michel de Boislisle, Léon Lecestre et Jean Michel de Boislisle (éd.), Hachette, Paris, 1879-1930.
- Salamon (Mgr de), Louis-Siffrein-Joseph,
Mémoires inédits de l'internonce à Paris pendant la Révolution (1790-1801), Arthur Bridier (éd.), Paris, s. n. d'éd., 1892.
- Salomon, Henry,
L'Ambassade de Richard de Metternich à Paris, Paris, Firmin-Didot, 1930.
- Serres, Jean,
Manuel pratique du protocole, Courbevoie, Éditions de la Bièvre, 1992.
- Seydoux de Clausonne, François,
Le Métier de diplomate, Paris, France-Empire, 1980.
- Tilliette Pierre-Alain (dir.),
L'Ambassadeur extravagant : Alexandre Vattemarre, ventriloque et pionnier des échanges culturels internationaux, catalogue de l'exposition organisée conjointement par la Bibliothèque administrative de la Ville de Paris (janvier-avril 2007) et la Boston Public Library (juin-automne 2007), Paris, Paris Bibliothèque, 2007.
- Verne, José-Paul,
Les Envoyés de Tippou Sahib, une ambassade indienne auprès de Louis XVI, Paris, Librairie de l'Inde, 1991.
- Wicquefort (van), Abraham,
L'Ambassadeur et ses fonctions, Cologne, Pierre Marteau, 1689-1690. L'édition originale a été publiée à la Haye en 1681.

HISTOIRE DE PARIS, ARCHITECTURE ET DÉCORATION INTÉRIEURE

- Ananoff, Alexandre,
François Boucher, Pg 299, TI, La Bibliothèque des arts, Lausanne-Paris, 1976.
- Baldelli, Fortunato et Rupnik, révérend p. Marko Ivan,
La Chapelle de la Résurrection, Nonciature apostolique en France, Paris, 2005.
- Bachelard, Gaston,
La Poétique de l'espace, Paris, PUF, 1981.
- Beal, Mary et Cornforth, John,
L'Ambassade de Grande-Bretagne à Paris : son histoire et sa collection, trad. F. G. J. Durrance, Paris, Government Art Collection, 1992.
- Blanc, Charles,
Le Trésor de la curiosité, tiré des catalogues de vente de tableaux, dessins, estampes, livres, marbres, bronzes, ivoires, terres cuites, vitraux, médailles, armes, porcelaines, meubles, émaux, laques et autres objets d'art, 2 vol., Paris, Renouard, 1857-1858.
- Catalogue de vente de la « collection du docteur R. », hôtel Drouot, Paris, 22 octobre 1971.
- Contet, Frédéric,
Les Vieux Hôtels de Paris, 22 vol., Paris, s. n. d'éd., 1920-1937.
- Christova-Radoéva, Vesséla et Vassiléva, Maria,
L'Ambassade de Bulgarie, Paris, 2006.
- Dumolin, Maurice,
Études de topographie parisienne, 3 vol., Paris, s. n. d'éd., 1929-1931.
- Favier, Jean et Le Moël, Michel (dir.),
La Résidence de l'ambassadeur du Canada, Recherches publiées par l'ambassade du Canada à Paris, 1988.
- Feray, Jean,
Architecture intérieure et décoration en France des origines à 1875, Paris, Berger-Levrault et CNMS, 1988.
- Germain, Brice,
Description de la ville de Paris et de tout ce qu'elle contient de plus remarquable, 9e éd., 4 vol., Paris, Les Libraires associés, 1752.
- Jarry, Paul,
Cénacles et vieux logis parisiens, Paris, Tallandier, 1929.
—, *Vieilles Demeures parisiennes*, Paris, Plon, 1945.
- Koifman, Fabio et Souza Dantas,
Quixote nas trevas [Un Quixote dans les ténèbres], São Paulo, Record, 2002.
- Lazare, Félix et Louis,
Dictionnaire historique des rues et monuments de Paris, 1855, Paris, Maisonneuve & Larose, 2003.
- Kaspi, André et Marès, Antoine (dir.),
Le Paris des étrangers depuis un siècle, Paris, Imprimerie nationale, 1989.

- Le Moël, Michel,
La Résidence de l'ambassadeur du Canada, brochure imprimée par Hérissey à Évreux pour le compte de la Fondation Georges et Hélène Vari.
- Marseilles (de), Yves,
L'Italie au faubourg Saint-Germain. Les hôtels de Boisgelin et de Galliffet, préf. Maurice Schumann, Paris, s. n. d'éd., 1975.
- Mayor, Jacques,
La Tapisserie du renouvellement de l'Alliance des Suisses et de Louis XIV, Genève, Ch. Eggimann et Cie, 1896.
- Naudé Des Moutis, Jean-Pierre,
Auteuil-Passy, demeures et jardins, XVIIIe et XIXe siècles, Paris, Éditions d'art des anciennes demeures françaises, 1982.
- Pani, Alberto J.,
Les Immeubles du gouvernement mexicain à Paris, Paris, Aulard, 1928.
- Paternote de La Vallée, Alexandre,
L'Hôtel de la Marck, ambassade de Belgique, Paris, Berger-Levrault, 1982.
- Piganiol de La Force, Jean-Aymar,
Description de Paris, de Versailles, de Marly, de Meudon, de Saint-Cloud, de Fontainebleau et de toutes les autres belles maisons et châteaux des environs de Paris, 8 vol., Paris, T. Legras, 1742.
- Pinçon, Michel et Pinçon-Charlot, Monique,
Quartiers bourgeois, quartier d'affaires, Paris, Payot, 1992.
- Rousset-Charny, Gérard,
Les Palais parisiens de la Belle Époque, Délégation artistique à la Ville de Paris, 1992.
- Rousset de Missy, Jean,
Le Cérémonial diplomatique des cours de L'Europe, Amsterdam, 1739-1745. Complété par Jean Dumont, *Corpus diplomatique du droit des gens*, Amsterdam, 1726-1731.
- Sauval, Henri,
Histoire et recherches des antiquités de la ville de Paris, 3 vol., Paris, C. Moette et J. Chardon, 1724. Rééd. en fac-similé, Genève, Minkoff, 1973.
- Siguret, Françoise,
L'Œil surpris : perception et représentation dans la première moitié de XVIIe siècle, Paris, Seattle et Tübingen, Papers on French Seventeenth Century Literature, 1985.
- Siguret, Philippe et Bouvet, Vincent,
Chaillot, Passy, Auteuil, le Bois de Boulogne, le XVIe arrondissement, le nouveau XVIe, Paris, Henri Veyrier, 1982.
— et Silvestre de Sacy, Jacques,
Le Faubourg Saint-Germain, Paris, H. Veyrier, 1987.

- Sillery, J.,
Monographie de l'hôtel Sagan, Paris, J. Frazier, 1909.
- Sneyers, Jacqueline,
Belles demeures d'autrefois, Paris, Pierre Horay, coll. « Paris à livre ouvert », 1957.
- Susan Douglas Tate (dir.),
Concorde : The Hôtel de Talleyrand and George C. Marshall Center, A Commerative Edition, Florida, 2007.
- Thierry, Luc-Vincent,
Guide des amateurs et des étrangers voyageurs à Paris, 2 vol., Paris, Hardouin et Gattey, 1787.
- Vásquez Días de Tuesta, Ángel,
La Embajada de España en París, Madrid, Ministerio de Asuntos Extreriores, 2000, éd. bilingue.
- Verlet, Pierre,
La Maison au XVIIIe siècle en France, société, décoration, mobilier, Paris, Baschet, 1966.
- Veyrier, Henri (dir.),
Chaillot, Passy, Auteuil, le bois de Boulogne, 1988, Paris.
—, et Christ, Yvan (dir.),
Le Faubourg Saint-Germain, Éd. des Deux-Mondes, 1966.
—, *Les Champs-Élysées, faubourg Saint-Honoré, plaine Monceau*, Henri Veyrier, 1982.

ARTICLES, REVUES ET DOCUMENTS D'ARCHIVES

- Agstner, Rudolf,
« Das Hôtel Matignon als k. u. k. Botschaft in Paris 1889-1914 », *Mitteilungen des Österreichischen Staatsarchives*, n° 41, 1990, Vienne, Horn. Verlag Ferdinand Berger, 1990.
- Anonyme,
Acte d'achat de l'hôtel Scheider par la République fédérative du Brésil, chez M. Letulle et M. Alez, 16 juillet 1971, Paris, Archives de l'ambassade du Brésil à Paris.
- Bertaut, Jules,
« La première ambassadrice de Belgique à Paris », *La Revue de Paris*, 15 sept. 1915, p. 376-395.
- Blet, Pierre,
« Le nonce en France au XVIIe siècle, ambassadeur et délégué apostolique », *Revue d'histoire diplomatique*, Paris, A. Pedone, 1974, p. 233-258.
- Bouret, Blandine,
« L'ambassade persane en 1715 et son image », *La Gazette des Beaux-Arts*, oct. 1982, p. 109-130.
- Coignard, Jérôme,
« L'hôtel de Béhague, La résidence de la Roumanie en France », *Connaissance des Arts*, Paris, 2008.

- Courcel (de), Robert,
« L'hôtel des Ambassadeurs extraordinaires », *Bulletin de la société de l'histoire de Paris et de l'Ile-de-France*, 1937, p. 27.
—, « L'ambassade d'Autriche à Paris », *Bulletin de la société d'histoire et d'archéologie des VIIe et XVe arrondissements*, 1939, p. 229.
—, « L'ambassade de Suède en France aux XVIIe et XVIIIe siècles », *Bulletin de la société de l'histoire de Paris et de l'Île-de-France*, 1946-1951, p. 31-48.
—, « Nonces et nonciatures à Paris », *Fédération des sociétés historiques et archéologiques de Paris et de l'Île-de-France*, Mémoires t. II, 1950.
- Doumic, Solange,
« L'hôtel Chanac de Pompadour », *Jardin des arts*, n° 15, janv. 1956, p. 138-145.
- Hydewalle (d'), Charles,
« L'ambassade de Belgique à Paris », *Revue des Deux Mondes*, juil.-août 1966, p. 38-49.
- Leben (U.) et Ebeling (J.),
« Le palais Beauharnais à Paris », *L'Estampille/Objet d'Art*, n° 400, mars 2005, p. 68-81.
- Morel d'Arleux, Lucien,
« La Légation du Chili », *Bulletin de la Société d'Histoire et d'archéologie des VIIe et XVe arrondissements de Paris*, 1939.
- Moüy (comte de), Charles-Louis-Stanislas,
« Un légat du pape auprès de Louis XIV », *La Nouvelle Revue*, 1892, t. 78, p. 709-725, t. 79, p. 54-69.
- Nicard, P.
« Les Ambassades suisses à Paris en 1557, 1575 et 1663 », *Bulletin de la société d'histoire de Paris et de l'Île-de-France*, 1876.
- Piétri, François,
« Quand les ambassadeurs complotaient : la conspiration de Cellamare, 1717 », *Revue d'histoire diplomatique*, 1960, p. 198-207.
- Pons, Bruno,
« L'hôtel de Beauharnais », *Monuments historiques*, n° 166, nov.-déc. 1989, Paris, Caisse nationale des monuments historiques et des sites.
—, « L'Ambassade de Chine », *L'Illustration*, 13 avril 1946.
- Raquillet-Bordry, Pauline,
« Le milieu diplomatique hispano-américain à Paris de 1880 à 1900 », *La Revue de l'histoire et sociétés d'Amérique latine*, 1995.
- Rousset Charny, Gérard,
« Le classicisme retrouvé : l'hôtel particulier du marquis de Breteuil », *La Gazette des Beaux-Arts*, avril 1984.

- Thschefeld, Gustave,
« L'hôtel Matignon et ses hôtes »,
Revue de Paris, 1936.
- Vandal, Albert,
« Molière et le cérémonial turc à la cour de Louis XIV », *Revue d'histoire diplomatique*, 1888.
- Villedot (de), Charles,
« Diplomates et ambassades », *La Grande Ville*, 1845.
- Witt, Piotr,
« Ambassade de Pologne, l'hôtel de Monaco », *Beaux Arts Magazine*, 2005.
- Wocq, H.,
« L'ambassade japonaise à Paris », *L'Art décoratif, revue de la vie artistique ancienne et moderne*, 1908.

SANS NOM D'AUTEUR :
- « Voyage des ambassadeurs de Siam en France », *Extraordinaires du Mercure galant*, 4 vol., 1686 et 1687.
- « Un ambassadeur turc à Paris sous la Régence. L'ambassade de Méhémet Effendi en France (1720-1721) d'après la relation écrite par lui-même », *Revue d'histoire diplomatique*, 1889, p. 78-91 et p. 200-235.
- « La première ambassade vénitienne à Louis XI (oct. 1461-mai 1462), les ambassadeurs Bernard Justiniani et Paul Barbo », *Revue d'histoire diplomatique*, 1890, p. 387-398.
- « Mouley Ismaël, empereur du Maroc et la princesse de Conti. L'ambassade à Paris de Abdalla Ben Aïcha », *Revue d'histoire diplomatique*, 1893, p. 334-374.
- « La première légation des États-Unis en France. La mission de Silas Deane, Franklin et Jefferson à Paris (1776-1778) », *Revue d'histoire diplomatique*, 1934, p. 470-476.
- « L'hôtel de la Tour d'Auvergne », *Bulletin de la société d'histoire et d'archéologie des VIIe et XVe arrondissements*, n° 35, 1935-1936, p. 315.
- « L'ambassade de Tunisie à Paris », *Techniques et architecture*, n° 4, mai 1963.
- « La nouvelle chancellerie pour l'ambassade de la République fédérale d'Allemagne », *Techniques et Architecture*, n° 4, mai 1964.
- « L'ambassade du Danemark », *L'Architecture française*, n° 307-308, mars-avril 1968.
- « L'ambassade d'Afrique du sud à Paris », *Architecture intérieure*, n° 141, juin-juil., 1974.
- « L'ambassade d'Australie à Paris », *L'Architecture aujourd'hui*, n° 200, déc. 1978.
- « Les diamants d'aluminium au bord de la Seine. La nouvelle ambassade de l'Union sud-africaine », *Bâtir*, nouvelle série, n° 35, nov. 1974, p. 3-5.
- « Unité dans la diversité, l'ambassade d'URSS à Paris », *La Construction moderne*, 1976, p. 2-7.
- « Les trajets du spectacle », *L'Architecture aujourd'hui*, n° 152, p. 32-33.

EXPOSITIONS

- 1946 : *La Diplomatie dans l'histoire*, Archives nationales, Paris.
- 1962 : *Diplomates écrivains*, exposition de documents des Archives du ministère des Affaires étrangères, Paris.
- 1963 : *Les Grandes Heures de la diplomatie française, du traité de Vervins au Congrès de Vienne, 1598-1815*, château de Versailles.
- 1970 : *La Perse et la France, relations diplomatiques et culturelles du XVIIe au XIXe siècle*, musée Cernuschi, Paris.
- 1970 : *French symbolist painters*, Hawyard and Walker Gallery, maquette du plafond exécuté par E. Maxence, Londres.
- 1981 : *Jean-Léon Gérôme (1824-1904)*, musée municipal Georges-Garret, Vesoul.
- 1981 : *Le Faubourg Saint-Germain, la rue de Varenne*, Société d'histoire et d'archéologie du VIIe arr., musée Rodin, Paris.
- 1984 : *Le Faubourg Saint-Germain, la rue Saint-Dominique*, Société d'histoire et d'archéologie du VIIe arr., musée Rodin, Paris.
- 1986 : *Phra Naraï, roi de Siam et Louis XIV*, musée de l'Orangerie, Paris.
- 1990 : *Charles Le Brun et le décor de l'Escalier des ambassadeurs*, château de Versailles.
- 1990 : *Les Palais parisiens à la Belle Époque*, Délégation à l'action artistique de la Ville de Paris, Paris.
- 1990 : *La Rue Saint-Dominique, la rue de l'Université, la rue de Varenne, la rue de Lille, la rue de Grenelle, le quartier des Champs-Élysées, la rue du Faubourg-Saint-Honoré*, Délégation à l'action artistique de la Ville de Paris, Paris.
- 2007 : *L'Ambassadeur extravagant : Alexandre Vattemarre, ventriloque et pionnier des échanges culturels internationaux*, Bibliothèque administrative de la Ville de Paris et la Boston Public Library, Paris et Boston.

ARCHIVES

- Archives du ministère des Affaires étrangères à Paris, Protocole, série A.
- Archives nationales - AB/XIX/4226 - Le docteur Gustave Richelot amateur d'art.
- Archives du Protocole. Série A. Rapport sur l'ambassade de Roumanie sur la journée du 7 septembre 1944.
- Délégation d'Allemagne à Vichy.
- Immeubles diplomatiques sous séquestre et transfert de mobilier pendant la Seconde Guerre mondiale. Autriche, Thaïlande (légation de Siam, 8, rue de Greuze), Japon (transfert d'objets).
- Immeubles réquisitionnés par le ministère des Affaires étrangères pour les membres du corps diplomatique.
- Libération et séquestres des ambassades en août 1944. Roumanie, Pologne, Allemagne.
- Série A. Russie. Lettre de créances de M. le Général Pozzo di Borgo (18 mai 1814) et de ses successeurs.
- Mémoire concernant l'immeuble de la légation de Lettonie en France.
- Mémoires et documents. Asie. 19.P.101. Projet d'établissement français en Cochinchine et à une ambassade cochinchinoise en France. 1787.
- Mémoires et documents. France. Cérémonial. Vol. 1830. Mémoires et relations de Mr de Sainctot (1558-1704).
- Mémoires et documents. France. Cérémonial. Vol. 1851. Mémoire du Baron de Breteuil. P.124 (« Ordres que le Roy veut être tenu pour les ambassadeurs » et ambassade du Portugal).
- Plan de l'hôtel de Rouvre (ambassade de Chine) par Maurice Coulomb. Archives de Paris. VO 11 64.
- Plan de l'hôtel Mahieu (ambassade du Maroc) par René Sergent. Archives de la Seine VO 11 1879.
- Représentation d'Estonie.
- Représentation officieuse de Lituanie (1944-1962).
- Représentation de la République espagnole (Euzkadi). 1944-1962 (représentation officieuse du gouvernement espagnol en exil). Délégation du gouvernement d'Euzkadi, 50, rue Singer.

ALMANACHS :
- *L'Almanach royal* (publié à partir de 1700).
- *L'Almanach impérial*.
- *L'Almanach royal et national* (monarchie de Juillet).
- *L'Almanach impérial, les annuaires diplomatiques et consulaires* (publiés à partir de 1858).

REMERCIEMENTS

L'auteur tient à exprimer sa gratitude à ceux qui l'ont accueillie et permis de mener à bien son projet :
Son Exc. Mgr ANTONETTI, ancien ambassadeur du Saint-Siège ;
Leurs Exc. M. FERGUSSON et M. MALLABY, anciens ambassadeurs du Royaume-Uni ;
Son Exc. M. SCHÄFERS, ambassadeur d'Allemagne ;
Son Exc. M. ORLOV, ambassadeur de Russie ;
Son Exc. M. VILLAR Y ORTIZ DE URBINA, ambassadeur d'Espagne ;
Son Exc. M. WIJNAENDIS, ancien ambassadeur des Pays-Bas ;
Son Exc. M. SEIXAS DA COSTA, ambassadeur du Portugal ;
Son Exc. M. DE ICAZA, ambassadeur du Mexique ;
Son Exc. M. KAMEL, ambassadeur d'Égypte ;
Son Exc. Mme ARMANET, ambassadrice du Chili ;
Leurs Exc. M. CURLEY et Mme HARRIMAN, anciens ambassadeurs des États-Unis ;
Son Exc. M. KETHULLE DE RYHOVE, ambassadeur de Belgique ;
Son Exc. M. SIMIC, ancien ambassadeur de Serbie ;
Son Exc. M. LUKASZEWSKI, ancien ambassadeur de Pologne ;
Son Exc. M. CARACCIOLO, ambassadeur d'Italie ;
Son Excellence M. KONG, ambassadeur de Chine ;
Son Exc. M. VATASESCU, ancien ambassadeur de Roumanie ;
Son Exc. M. LEHNER, ambassadeur de Suisse ;
Son Exc. Mme BOKOVA, ambassadrice de Bulgarie ;
Son Exc. M. HEISS, ambassadeur d'Autriche ;
Leurs Exc. M. RANGANATHAN et M. SETHI, anciens ambassadeurs d'Inde ;
Son Exc. M. BOUCHARD, ancien ambassadeur du Canada ;
Son Exc. Mme ANDERSON, ambassadrice d'Irlande ;
Son Exc. M. KORUTÜRK, ambassadeur de Turquie ;
Son Exc. M. PALMA, ancien ambassadeur du Pérou ;
Son Exc. M. BEN ABBES, ancien ambassadeur du Maroc ;
Son Exc. M. YATABE, ancien ambassadeur du Japon ;
Son Exc. BUSTANI, ambassadeur du Brésil ;
Son Exc. M. SHEK, ambassadeur d'Israël ;
Son Exc. M. FISCHER, ambassadeur de Tchéquie.

Que ces remerciements soient partagés avec le personnel des ambassades qui a tant facilité cette entreprise par sa disponibilité, sa confiance et sa bienveillance : Mgr PINTÉR, Mme AFSHAR, M. OPOSHLYANSKY, Mme CAVERO-ROSAIS, M. DEL RÌO et Mme MORENO, Mme WEINBERGER, Mme MANCEL, Mme OPSOMMER, M. BULATOVIC, Mme MANNO, M. XING, Mme LI, Mme AESCHLIMANN et M. HAUETER, Mme IANEVA, M. WEINGARTNER, Mme PORTE, M. DOGAN, Mme YALÇIN, M. AIKAWA, M. WANATABE, M. STEINKE, Mme LUTEMBERG et M. LEWI, ainsi que MM. REGENT et LOUVRIER, au palais de l'Élysée.

Cet ouvrage est dédié à M. Robert de Courcel que j'aurais aimé rencontrer. Par ses articles, il me transmit son attachement pour les demeures diplomatiques à Paris. Il fut ambassadeur et membre passionné de la Société des amis du vieux Paris. Il aimait les nations et leur entente, Paris et son histoire, les demeures et leurs occupants.
Je tiens à remercier Mme Élisabeth Caude, alors archiviste au Quai d'Orsay, qui a eu la gentillesse de diriger le cours de ces recherches, ainsi que Mme Colombe Samoyault-Verlet, alors directeur du Mobilier national, qui, par sa connaissance des ensembles décoratifs parisiens, m'a permis de mener à bien cette étude. Je remercie particulièrement M. Olivier Boudot, fondateur de « Mémoire d'hommes, histoires d'entreprises », qui m'a fait part de sa précieuse expérience et a suivi les développements du projet dès son origine. Je remercie également M. Pierre-Emmanuel Prouvost d'Agostino, qui, par son talent et son érudition, a émaillé le texte de son regard musical.
Ma reconnaissance sans faille va à M. Marc Gaillard, historien de Paris et membre de l'Institut, qui dès notre première rencontre s'est passionné pour le sujet et m'a conduite vers Nicolas Chaudun. Que Denis et Marie-Hélène, Claire, Guillaume et Benoît, qui n'ont cessé d'imaginer avec enthousiasme la forme et le contenu de cet ouvrage, trouvent ici l'expression de ma profonde gratitude.

Russie, hôtel d'Estrées. Ancien cabinet de travail de Nicolas II, cette ravissante pièce ovale aux tons bleu clair est aujourd'hui utilisée pour les repas plus confidentiels de l'ambassadeur. Dans le décor des lambris, ont été insérés les armes impériales russes, l'aigle à deux têtes, saint Georges terrassant le dragon de Moscou, ainsi que les monogrammes A. A. pour Alexandre III.

Crédits photographiques
Toutes les photos sont © Hermine Cleret sauf
AKG-Images : p.23 ; BNF : p. 67 ; ministère de l'Économie et des Finances : p. 19 ; musée Carnavalet / Roger-Viollet : p. 57, p. 60, p. 71 ; RMN / Daniel Arnaudet / Gérard Blot / Christian Jean / Jean Schomans : p.25 ; RMN / Martine Beck-Coppola : p. 29 ; RMN / Gérard Blot : p. 24, p. 32, p. 33, p. 38, p. 54, p. 73 ; RMN / Gérard Blot / Christian Jean : p. 16 ; RMN / agence Bulloz : p. 36, p. 58 ; RMN / DR : p. 35, p. 49, p. 96, p. 97 ; RMN / Thierry Le Mage : p. 39 ; RMN / Franck Raux : p. 40 ; DR : p. 31, p. 82, p. 99 (droite et gauche), p. 102

Édition : Aurore de Neuville
Suivi éditorial : Emmanuelle Savy
Conception graphique : Astrid de L'Aulnoit
Iconographie : Déborah Engel

Photogravure : Ombre et Lumière, Lavaur
Achevé d'imprimer pour le compte des Éditions Nicolas Chaudun
sur les presses d'Art & Caractère, Lavaur
Dépôt légal : septembre 2009
ISBN : 978-2-35039-076-5

Tous droits de traduction et d'adaptation réservés pour tous pays.

© Éditions Nicolas Chaudun
www.editions-nicolaschaudun.com